Practice Papers for Revised Higher French

by

Calum E. Ure, M.A.Hons.

ISBN 0 7169 8012 6

© C.E. Ure, 1995.

The Practice Papers printed in this publication do not emanate from the Scottish Examination Board. They reflect the author's opinion of what might be expected in the Revised Higher Grade examinations.

ROBERT GIBSON · Publisher
17 Fitzroy Place, Glasgow, G3 7SF.

INTRODUCTION

This book is intended for pupils preparing for the Revised Higher French examination. Practice in answering the various papers in the examination is essential and the more practice pupils have, the more confident they will be on the day of the examination.

My aim in compiling this book is to help develop pupils' technique in answering questions, as well as to provide teachers with a source of relevant, topical and interesting material from which they can work throughout the Higher year.

This book is divided into three parts — Reading, Essay and Cloze Test practice. I also include a specimen answer scheme to one of the Reading Tests.

Acknowledgement

My very grateful thanks to Lydie Massé for reading all the manuscript.

COPYING PROHIBITED

Note: This publication is NOT licensed for copying under the Copyright Licensing Agency's Scheme, to which Robert Gibson & Sons are not party.

All rights reserved. No part of this publication may be reproduced; stored in a retrieval system; or transmitted in any form or by any means — electronic, mechanical, photocopying, or otherwise — without prior permission of the publisher Robert Gibson & Sons, Ltd., 17 Fitzroy Place, Glasgow, G3 7SF.

CONTENTS

Advice to Teachers 5

Reading Tests

Advice to Candidates 8
  1. C'est la rentrée! 10
  2. Comment résiste la forêt? 13
  3. Des jeunes qui en veulent 15
  4. Hollywood: les nouvelles stars 19
  5. Ile d'Yeu 22
  6. J'ai plongé à 17 ans 26
  7. La complainte de l'homme malade 28
  8. Laissez parler les fleurs 32
  9. La mort de Roméo et Juliette 34
10. Le cirque des vanités 38
11. Le dimanche des enfants 40
12. Le fils inconsolable 42
13. Les Français vus par les autres 45
14. Mangez-vous "bio"? 47
15. Mon déjeuner avec Albert 49
16. Mon père ne veut pas me laisser vivre ma vie 52
17. Pavarotti-superstar 54
18. Pourquoi traitons-nous les Tziganes comme des parias? 57
19. Prof de banlieue 61
20. Sa console me désole 63

Essay Tests

Advice to Candidates 66
  1. Nos premières vacances sans papa et maman 67
  2. J'habite chez mes parents 68
  3. Le travail scolaire 69
  4. Dimanche 70
  5. 1 an à l'étranger vous change la vie 71
  6. Quel adulte serez-vous? 72
  7. Pour l'amour du risque 73
  8. Premiers pas dans la cour des grands 74
  9. Amuse-toi en restant chez toi! 75
10. Euro Disneyland, le royaume où tous les souhaits se réalisent 76

11. Vacances linguistiques 77
12. Je ne peux pas vivre sans sport! 78
13. En Écosse le temps suspend son vol 79
14. Journée ordinaire d'une voyante 80
15. La fac, c'est la liberté et l'anonymat 82
16. J'ai fait un rêve cette nuit 83

Cloze Tests

Advice to Candidates 84
  1. Noël 85
  2. Madame Soleil 87
  3. La fugue 89
  4. Les vacances 91
  5. L'argent de poche 93
  6. La résidence universitaire 95
  7. Un séjour en Bavière 97
  8. Le Grand Café de la Poste 99
  9. Un portrait express de Meryl Streep 100
10. La salle d'attente 101
11. Comment bien réviser pour les examens 102
12. L'école en France 103
13. L'épreuve de conduite 104
14. Un lapin posé 105
15. En attendant les résultats 106
16. Une lettre à mon correspondant 107

Specimen Answer Scheme to Reading Test 16 108

ADVICE TO TEACHERS

READING

The texts in this book are all taken from authentic French material. Most of them have been taken from French magazines. The texts are arranged in alphabetical order by title and are not in any way set out in order of difficulty.

Each text has questions testing the candidates' comprehension of the passage followed by a translation exercise. In ten of the texts, this exercise involves students selecting one of three possible translations for a certain phrase from the text, and in the other ten, candidates are required to translate a short section from the passage.

Most of the texts in this book relate directly to a chapter in one of the course books currently used in S5, e.g., *La Famille, les Loisirs, l'École, l'Environnement*, etc. Rather than just work through the texts at random, I suggest that you select a text which relates to the topic you are currently studying in class. In this way, the students are familiar with much of the vocabulary, and the text will help consolidate what the candidates already know as well as broaden their knowledge on that subject. Clearly, for candidates with less ability, a text directly related to a topic they are presently studying is more readily accessible to them.

At the start of the academic year when students are faced with longer pieces of prose for the first time, I suggest you work through a relevant text with the students to help them with any areas of difficulty and also to explain any new grammatical points which arise from the text. As the year goes on, candidates will require less help and should be able to work on the texts on their own with the use of a dictionary.

When marking the extract for translation, you should divide it into five units (usually a clause or a short sentence). For each unit correctly translated, students should be awarded three points. One point is deducted for awkward English, two points for imprecise translation and three points for a serious error. Thus, if a student makes one serious error in each section (e.g. a rendering which distorts the meaning) he or she will be awarded no points.

In the passages which have ten short phrases to be correctly translated, each correct answer is worth one and a half marks.

At stages during the year, candidates can be set a text and questions to be completed under exam conditions. They can be given one hour in which to complete all the questions. You can then assess their progress and performance.

SPEAKING

Once each text has been completed by the students, you may wish to use them as a stimulus for discussion, with a view to preparing for the oral exam in early Spring. Most of the texts lend themselves perfectly to this as the various topics can be developed, e.g. on drug abuse, schools, problems in the family, the environment, personal relationships, the advantages and disadvantages of computers, the weekend, etc. Candidates should be encouraged to put forward their own views and should be helped to express themselves on these topics.

ESSAY

All the stimulus Essay texts are taken from French magazines and newspapers. They cover a large variety of topics and relate to many of the chapters in the course books.

You may wish to choose an Essay topic which relates to the classwork you are currently doing, and by the end of the academic year you may wish to set one of the Essay topics as a test and allow the students one hour and fifteen minutes in which to complete it. (This may have to be done at home.)

Each Essay is worth forty marks, and students are required to write in past tenses. Often, there is the option for students to write a dialogue, but this is always based on something which happened in the past and, therefore, past tenses have to be used.

The marks are pegged — 40, 36, 32, 28, 24, 20, 16, 12, 8, 4 and 0.

Clearly, the standard required of pupils is much higher than in the Standard Grade Writing paper. As well as demonstrating their ability to use **a wide variety** of vocabulary and structures, students are expected to respond candidly to the topic and express their own feelings and opinions. Unfortunately, there seems to be too strong an emphasis put on speaking proficiency in many schools to the detriment of the written language. Speaking **is** important, but for students who show ability in S3 and S4, and who are likely to go beyond Standard Grade, a little foresight is necessary in the early years so that by S5, students have learned all the basic grammar and they can write using **all** tenses. Otherwise, to attain the standard required in the Essay at the end of one year, it is an uphill struggle all the way. With practice, the Essay should not pose too many problems provided the students have had a good foundation in the grammar of the language. Bear in mind that at Higher Grade the Speaking is given the same 'weighting' as the Writing papers.

CLOZE TESTS

The Cloze Tests are of my own devising. In them, I test all the basic French grammar and have paid particular attention to points which have been tested in past exams.

The more practice students have in Cloze Tests, the easier they become. Students become aware of what to look out for and identify the kinds of grammatical points which are tested again and again.

As with the Essay, a thorough knowledge of basic grammar is essential. I suggest you read through the Cloze Tests in advance, and having identified the main grammar points in each one, you revise these with the students before they commence. I have intentionally included many of the same points in different Tests for consolidation purposes.

Students should read through the passage several times before beginning, **to try to understand as much as they can**. Once they are ready to begin, they should write their answers in pencil first and, after completing a few sentences, they should read through the same section again to check that each word they have inserted makes sense. There must only be **one** insertion in each space. Once the students have checked their answers carefully, they can write over them in ink.

With the Cloze Tests which offer three alternatives, pupils should consider each option carefully, bearing in mind what comes before and after the box.

As with the other papers, once the students become confident in doing Cloze Tests, one or two can be set as a test, and students can be given fifteen minutes in which to complete each one. Each correct insertion is worth one mark. In the passages with blanks, in some cases several words would be grammatically correct and would make sense. Remember that a dictionary cannot be used in this part of the exam.

READING

In the Revised Higher examination TWO Reading passages are set.

The questions on BOTH passages should be answered in English.

You may use a French dictionary.

You are given two hours to complete the questions to both passages.

Each passage is worth 45 marks. 15 marks are given to the translation exercise in both passages.

ADVICE TO CANDIDATES

In the Revised Higher examination, two Reading passages will be set, similar in style and content to those in this book.

The first step you must take is to read each passage carefully several times. You should then read **all** the questions and re-read the text once more, using a dictionary to look up any words which impede your comprehension.

The answers in the text will be in order, i.e., the answer to question 1 will be at the beginning of the text, the answer to question 2 will be after that, etc.

Although you must answer each question in detail, do not just translate whole sections of the passage in your answer. Re-read the question as you are writing to make sure that you are indeed answering what has been asked. Make sure that you fully understand the French. Check to see that you have written enough. A question worth four points will require a full answer.

In the passages which have an extract for translation, you must be **very accurate**. I suggest you identify the tense of each of the verbs in the extract before you begin, as a serious error in tense could lose you 3 points.

You may wish to check certain items of vocabulary in your dictionary. Remember that your dictionary is a good friend but a poor master. It is an **aid** to understanding. Do not expect it to solve all your linguistic problems. Used correctly and judiciously, it is a **means** to overcome difficulties.

Although you have to be very accurate, do not be too literal. Consider the following: **On est allés en Bretagne**. A poor translation would be — 'One went to Brittany.' We simply do not say this. A much better translation would be: 'We went to Brittany.' Be careful too not to make serious English errors, e.g. 'We have went' or 'I seen' as this would be considered inaccurate and you would lose 2 points.

Remember that the extract should make perfect sense to a native French speaker. Consider what comes before and after. Are you using the same tone and register? Your English translation must read well, it must make perfect sense to you and ultimately to your examiner. If it does not, you have mistranslated and you must go back over it.

In the texts which have ten phrases underlined, I suggest you try to work out how to translate the phrase **before** looking at the three possibilities. With an idea of the translation in mind, you are less likely to make a slip. Very often two of the possibilities are a very close translation of the phrase underlined. This is intended to catch you out. Pay particular attention to the tense of the verb. It is easy to make a mistake, e.g. between the conditional tense and the imperfect tense. Once you have decided on your answer, always go back to the phrase in the text to check what comes before and after. Does the answer you have chosen make perfect sense? It is very important to understand the text as a whole so that you do not take the phrase out of context.

Lisez attentivement le texte puis répondez aux questions.

1. C'est la rentrée!

Un élève qui pleure ou se rebelle dix minutes <u>avant de partir en classe</u>, c'est un enfant (un écolier le plus souvent) que l'école rend malheureux. D'une manière ou d'une autre, il lui reproche de le séparer de ses parents, il en a peur. C'est très désagréable pour les parents, mais passé quelques semaines, généralement <u>ça s'arrange</u>.

5   L'élève "démotivé", c'est différent. Ni cris, ni larmes: l'école ne lui fait pas peur, simplement <u>il n'en attend rien</u>. Il y va par habitude, pour voir les copains, parce qu'il faut bien aller quelque part. Mais quant à travailler, y faire des efforts, ou même simplement y écouter les cours, c'est une autre affaire. D'ailleurs, qu'il trouve mieux à faire, et <u>il n'hésitera pas à sécher quelques cours</u> ou quelques jours.

10 Cette seconde attitude est aujourd'hui la plus inquiétante car elle semble se développer à toute allure. On vient en effet d'apprendre que l'absentéisme occasionnel concernait désormais près d'un collégien ou lycéen sur deux, et un sur dix de manière régulière.

«Les élèves pas motivés c'est mon pain quotidien», soupire Odile, prof de maths dans un collège de Seine-saint-Denis, toujours "stressée" au moment de faire son premier cours
15 <u>malgré ses 17 ans de métier</u>. «Beaucoup ont leurs parents au chômage, ils entendent parler de bacheliers qui arrivent tout juste à se faire embaucher comme manutentionnaire, comment voulez-vous que je leur parle d'un avenir radieux?»

C'est un fait: l'argument de la "rentabilité" des études sur le marché de l'emploi, longtemps argument "ultime" des profs comme des parents («passe ton bac d'abord») est de moins en
20 moins bien perçu. Vraisemblablement parce que cette "carotte" (un diplôme aujourd'hui largement banalisé) ne leur paraît plus mériter tant d'efforts. Reste qu'on ne pourra pas éternellement envoyer ou accueillir en classe des adolescents qui ne savent plus au juste pourquoi ils sont là. <u>Mais que leur dire?</u> Quel but leur proposer? Le plaisir d'apprendre? Le savoir pour le savoir? Certes. Henri, professeur de maths dans un prestigieux lycée
25 parisien, commence chaque année son cours en expliquant à ses élèves que les maths ne servent "à rien", mais qu'on n'a pas encore trouvé mieux, ni "plus beau", pour se dégourdir la logique. Commentaire d'Odile: «Si je m'avisais de dire à mes classes: "On va passer des heures à faire des maths ensemble mais ça ne sert à rien", ils me répondraient du tac-au-tac: "Faites vos maths toute seule et fichez-nous la paix." L'essentiel de mon discours de
30 rentrée consiste à leur apprendre à <u>se lever en silence</u> quand j'entre en classe et à ne pas oublier leurs livres et leurs cahiers.»

«La proximité du bac n'arrange rien, confirme Anthony, 14 ans. Je peux facilement vous résumer le petit discours des profs: "Bonjour. N'oubliez pas que dans deux ans vous passez le bac ..." C'est sec, c'est froid, c'est nul. Et le pire c'est que c'est pareil à la maison.»

35 <u>Au lieu de cela</u>, qu'aimerait-il s'entendre dire? «Rien de compliqué: des encouragements au lieu de menaces. Seule la prof de secrétariat, Anne, l'a compris. "Si vous bloquez quelque part, n'hésitez jamais à me demander: s'il faut réexpliquer trois fois, on le fera. Pas de problème." Quand on se plante à un contrôle, elle a toujours l'air surpris: "Eh bien, que vous est-il arrivé?" Avec elle, on a l'impression de valoir mieux que nos notes. Elle nous
40 fait confiance.» Le maître-mot est lâché: confiance. Les élèves aimeraient qu'on la leur accorde vraiment, que l'on s'adresse à eux sinon comme à des adultes, du moins plus comme à des "gamins".

En guise de discours de rentrée, Carole, prof d'espagnol dans l'Essonne, insiste simplement sur l'idée qu'on peut toujours se refaire. «Vous avez été bon ou mauvais: <u>je m'en fiche</u>.
45 Cette année on commence autre chose. <u>Travaillons</u>!» Elle affiche en outre un certain détachement; «Je prends mon sujet à cœur, je le donne, mais je ne me fâche pas si on ne le prend pas. Je refuse de me sentir en échec parce que deux élèves ont rigolé bêtement pendant que je leur parlais de l'amour courtois dans *Don Quichotte*. Sinon, c'est invivable: on commence à trouver les élèves décevants et on finit par les mépriser. En ne se prenant
50 pas trop au sérieux, on s'offusque moins de ce genre de réaction. Je me dis simplement qu'on ne peut pas attendre des adolescents qu'ils se passionnent pour tout, tout le temps.»

COMPREHENSION QUESTIONS

Marks

1. *(a)* According to the author, why do certain children react against school? — 2 points

   (b) Why might children lacking in motivation be going to school for the wrong reasons? — 4 points

   (c) How serious a problem is truancy? — 2 points

2. *(a)* Why is it difficult for Odile to motivate her pupils? — 2 points

   (b) How does Henri encourage his pupils to learn maths and why would Odile not adopt this approach? — 3 points

3. In what way could Anne be considered a "good" teacher? — 4 points

4. Describe Carole's attitude towards teaching. — 2 points

19 points

= 30 marks

TRANSLATION EXERCISE

The following French phrases are all taken from the text: three possible ways of translating them are given. Choose the best version for this text. Write only the number and letter in your answer book, e.g. 1(c), 2(a), etc.

1. avant de partir en classe (line 1)
   (a) before leaving the classroom
   (b) before going to school
   (c) before going to the classroom

2. ça s'arrange (line 4)
   (a) it is all arranged
   (b) it sorts itself out
   (c) they come to an arrangement

3. il n'en attend rien (line 6)
    (a) he does not attend
    (b) he does not expect anything from it
    (c) he does not look forward to it

4. il n'hésitera pas à sécher quelques cours (lines 8-9)
    (a) he will not think twice about skipping some classes
    (b) he will not think twice about skipping some courses
    (c) he will not think twice about neglecting his homework

5. malgré ses 17 ans de métier (line 15)
    (a) despite her 17 years of skill
    (b) despite her 17 years of trial and error
    (c) despite her 17 years in the profession

6. Mais que leur dire? (line 23)
    (a) But how do you make them speak?
    (b) But what can you say to them?
    (c) But how should you speak to them?

7. se lever en silence (line 30)
    (a) to get out of bed without complaining
    (b) to stand up without talking
    (c) to put their hand up without talking

8. Au lieu de cela (line 35)
    (a) In place of that
    (b) Instead of that
    (c) Beyond that

9. je m'en fiche (line 44)
    (a) this concerns me
    (b) I don't care
    (c) I put this on file

10. Travaillons! (line 45)
    (a) Work!
    (b) Let's get on with the work!
    (c) Give it all you've got!

15 marks

TOTAL: 45 marks

Lisez attentivement le texte puis répondez aux questions.

2. Comment résiste la forêt?

Pluies acides, déforestation, pyromanes de plus en plus nombreux. La forêt française se porterait bien mal, selon la rumeur. Eh bien non! Au contraire, nos 14 millions d'hectares sont même en meilleure santé qu'il y a trois siècles! Mais ne soyons pas candides, tout ne va pas pour le mieux dans le meilleur des mondes. Il faut protéger nos arbres contre trois
5   menaces: les incendies, certains insectes et champignons, et ce qu'on appelle le "dépérissement".

Premier danger, mais pas forcément le pire: les flammes. Cet été, la forêt brûlera en France. Quelques milliers d'hectares, au minimum. Les spécialistes n'espèrent pas parvenir, un jour, à vaincre le fléau. Aussi, l'objectif est-il de limiter la casse et d'éviter les
10 catastrophes de 1989 et 1990; 150 000 hectares partis en fumée en deux "étés rouges" successifs. Chaque année, l'émotion est au rendez-vous: villas encerclées par les flammes, vacanciers délogés, collines rougeoyantes, routes coupées, valse des Canadairs, etc ... Un bois qui part en fumée, c'est du gibier qui échappe aux chasseurs, des promenades en moins pour les touristes, un terrain qui perd de sa valeur ...

15 La sécheresse et les hautes températures font de la forêt méditerranéenne une proie idéale pour les flammes. Et quand souffle le mistral, la catastrophe menace: que le vent dépasse 30 km/h, et il n'y a plus rien d'autre à faire qu'à attendre qu'il se calme pour arrêter l'incendie.

La région a toujours connu ce climat. <u>Ce qui a changé ces dernières années, et qui a
20 fragilisé la forêt, c'est la manière dont les habitants vivent avec elle. Autrefois, les troupeaux broutaient dans les sous-bois, les habitants ramassaient les branches mortes pour se chauffer ou pour faire la cuisine. Aujourd'hui, les agriculteurs disparaissent, on construit partout, les touristes se pressent les uns sur les autres.</u> Les forêts ne sont plus entretenues, et les broussailles s'en donnent à cœur joie: rien de tel pour démarrer un feu.

25 Contrairement à ce qu'on aimerait croire, les pyromanes ne sont pas les principaux fautifs. Un incendie sur dix seulement est dû à un geste malveillant. Dans leur grande majorité, les incendies surviennent à la suite d'imprudences ou d'accidents: un fumeur négligent, un barbecue mal éteint, un court-circuit dans une débroussailleuse, etc ...

La lutte contre le feu est d'abord une affaire de reboisement. Il faut privilégier les arbres
30 peu inflammables. Contrairement à une opinion répandue, les résineux (pins, cèdres ...) ne sont pas forcément plus vulnérables que les espèces feuillues. Les feuilles sèches du châtaigner ou du chêne vert s'enflamment plus facilement que le cèdre ou le sapin.

Mais le reboisement, c'est du long terme. Aussi s'accompagne-t-il d'actions immédiates. Depuis 1992, une loi oblige les propriétaires à débroussailler leur terrain. On taille de
35 larges portions de forêts pour couper la route aux incendies. Et surtout, on scrute l'horizon en hélicoptère, car il est vital de pouvoir détecter un incendie dès les premières minutes pour avoir une chance de le maîtriser.

Paradoxalement, les incendies ne sont pas une énorme calamité pour la forêt, à condition qu'ils restent dans des proportions raisonnables, bien sûr. Une fois les flammes passées, la
40 végétation reprend du poil de la bête en quelques années. Les graines de certaines espèces de pin apprécient même la chaleur des incendies, qui fait éclater leur coque et leur permet de germer.

Tout compte fait, la forêt française se porte bien. Elle comptait 7,5 millions d'hectares au XVIIe siècle pour 14 millions aujourd'hui, et elle est de bien meilleure qualité. Car nos chers arbres font l'objet d'examens de santé de plus en plus attentifs: sont-ils menacés de maladie? Jaunissent-ils? Perdent-ils des feuilles? Des spécialistes sont là pour prévenir et guérir.

Si les agressions causées par les incendies sont assez bien expliquées, il n'en va pas de même avec un inquiétant phénomène constaté au début des années 80, et que l'on appelle le "dépérissement": les feuilles des arbres jaunissaient ou tombaient, en pleine belle saison. Et pas le moindre insecte ratiboiseur ni la plus petite maladie à l'horizon pour l'expliquer!

On a très rapidement soupçonné la pollution. Après quelques années d'intenses observations, les conclusions sont plus nuancées. Certes, les fumées d'usine ou les gaz d'échappement des voitures n'arrangent pas les choses, mais les caprices du climat jouent aussi un rôle important. Les fortes sécheresses de 1976, de 1989, et de 1991 ont laissé des traces. Manque d'eau, pollution, sols appauvris ou plantations mal gérées: une combinaison de stress face à laquelle les arbres réagiraient en se débarrassant de leurs feuilles, comme s'ils rentraient en eux-même pour laisser passer l'orage.

Les sapins ont été les premiers touchés mais c'est maintenant au tour des arbres à feuilles de laisser les forestiers perplexes. Des hêtres jaunissent en Normandie et en Picardie. Les sécheresses successives de la dernière décennie, l'âge des arbres, les conséquences de la tempête de 1990, et la pollution sont-ils responsables? Probablement un peu tout à la fois. La crise est-elle passagère? Comment les arbres s'en remettront-ils? Il va falloir attendre quelques années pour le savoir ...

COMPREHENSION QUESTIONS

Marks

1. *(a)* What is the actual state of French forests and why is this surprising?   3 points

   (b) What are the three main threats to trees today?   3 points

   (c) What are the consequences of forest fires?   3 points

2. How are most fires started?   4 points

3. What action has been taken by the government to prevent forest fires?   3 points

4. *(a)* What exactly is "dépérissement"?   2 points

   (b) What is the cause of this?   3 points

      21 points

   = 30 marks

5. Traduisez en anglais: «Ce qui a changé ... les uns sur les autres.» (lignes 19-23)   15 marks

   TOTAL: 45 marks

Lisez attentivement le texte puis répondez aux questions.

3. Des jeunes qui en veulent

Elizabeth Aupé, l'entraîneur du Centre équestre de Morainval, dans l'Oise, ne passe rien à son élève, Nathalie Bizet. Nathalie, <u>une grande fille blonde</u> de vingt-six ans, est en train de faire exécuter un pas de côté à Quaker, son étalon foncé. Son objectif: la sélection en dressage pour <u>les prochains championnats</u> de France. Elle doit travailler plus que les autres. Ils verront les difficultés. Pas elle. Nathalie est pratiquement aveugle. Elle ne distingue que des ombres.

<u>Nathalie n'a jamais pensé à renoncer</u>. Elle se décrit elle-même comme "impulsive"; c'est le nom qu'elle donne à son incroyable ténacité. Monter, <u>elle en a toujours rêvé</u>: «Petite, je ne jouais pas avec des poupées mais avec des chevaux ou des fermes miniatures.»

Elle se souvient encore du souffle des chevaux qui venaient paître derrière la maison familiale, de la joie de ses premières promenades à dos de poney. Rien ne l'arrêtera. Ni les moyens modestes de ses parents, tous deux ouvriers, ni la rebuffade d'un premier entraîneur qui croit qu'elle "n'y arrivera pas".

«J'ai toujours voulu être la meilleure ...» <u>Elle tient parole</u>, s'entraîne intensivement, et saute des obstacles en les devinant. Avec Kofu, son premier cheval, sauvé de l'abattoir, elle remporte deux fois les championnats du monde. Il y a quelques années, elle échoue de peu à la sélection des championnats de France "pour valides". Elle la retentera ...

Dans sa vie professionnelle aussi, <u>Nathalie se joue des obstacles</u>. Placée dans une école spécialisée, elle en sort pour suivre toutes ses études secondaires dans un lycée normal, à l'aide d'une machine à écrire en braille et de cassettes. Elle passe deux maîtrises de langues appliquées, italien et espagnol, à l'université de Paris, prenant chaque jour le train d'Amiens. Après une première expérience professionnelle, <u>elle est sur le point d'être recrutée</u> à un poste commercial par une grande société nationale. Nathalie, la cavalière de l'ombre, <u>veut être la meilleure</u>, sans passe-droit.

Violaine voulait travailler dans l'aviation, et dans un pays anglo-saxon, "pour aller voir ailleurs". Quasi impossible à première vue, quand on est femme et française, dans un milieu misogyne et plutôt francophobe. Mais Violaine, vingt-quatre ans, se moque des idées reçues. Juste après son diplôme d'ingénieur, elle se rend tout simplement au Salon de l'aéronautique du Bourget, ramasse des dizaines d'adresses et envoie des lettres de candidature. Trois mois après, la voilà près de Londres chez une légende vivante de l'aéronautique. Sur une centaine de cadres employés par cette entreprise de pointe, seulement quatre femmes, et un seul passeport français: Violaine.

Ses collègues britanniques, un peu froids au début, l'adoptent rapidement, <u>même comme partenaire de golf le dimanche</u>. Depuis deux ans, Violaine a participé aux calculs de trajectoires des futurs modèles et réalisé des enquêtes sur les accidents. Mais <u>elle ne fait que commencer</u>: «Plus tard, je voudrais aller travailler au Canada ou en Australie, des pays qui me font rêver.» Et quand Violaine a décidé quelque chose ...

Ses bénéfices, Toussaint les dépose sur un livret de caisse d'épargne. Pour fonder une société, il lui faudrait être majeur. Toussaint Roze, dix-sept ans, est encore au lycée, ce qui étonnerait bien les centaines de personnes qui ont acheté son logiciel de généalogie,

15

Win Genealogic. Un système qui permet de classer, comparer, croiser les actes et certificats extraits des mairies ou des églises par tous ceux qui partent à la recherche de leurs ancêtres. Il permet aussi de dessiner des arbres généalogiques, et de produire des statistiques sur les aïeux.

45   Voyant son père, un des derniers fabricants de mouchoirs de Cholet, enfoui sous les papiers de ses recherches de généalogie, Toussaint a l'idée de son logiciel. Il y consacre toutes les journées de ses grandes vacances. A la rentrée, il le lance dans le circuit "share-ware"; il confie gratuitement ses disquettes à une vingtaine de distributeurs, qui les vendent 30F. Si l'acheteur décide de l'utiliser à fond, il a besoin d'une documentation et d'un service après-
50   vente. «Il m'envoie 120F en échange de ces services», explique Toussaint.

Ce qui lui a déjà rapporté quelques dizaines de milliers de francs. Les projets de Toussaint ? Sortir bientôt une version améliorée de son logiciel. Il est aussi en train de ... redoubler sa terminale au lycée. Pourtant il a été déjà reçu au bac C. «Mais avec un dossier scolaire moyen: l'informatique me prenait trop de temps. Or, je veux intégrer une classe
55   préparatoire aux écoles de commerce, et pour cela, il me faut un bon dossier.» Pour fonder plus tard une vraie société d'informatique? «Pas forcément. J'ai plein d'autres idées. Je suis très créatif.» On n'en doute pas ...

COMPREHENSION QUESTIONS

Marks

1. *(a)* Why does Nathalie have to work harder than her rivals?   3 points

   (b) How do you know that she has always been interested in horses?   3 points

   (c) As far as riding is concerned, what evidence is there of her great tenacity?   4 points

2. *(a)* What difficulties does Violaine face in the pursuit of her chosen career?   3 points

   (b) How can you gauge just how successful she has been?   2 points

3. What exactly does "Win Genealogic" allow you to do?   4 points

19 points
= 30 marks

TRANSLATION EXERCISE

The following French phrases are all taken from the text: three possible ways of translating them are given. Choose the best version for this text. Write only the number and the letter, e.g. 1(c), 2(a), etc.

1. une grande fille blonde (line 2)
    - (a) a big blonde
    - (b) a tall, blonde girl
    - (c) a fat girl with blonde hair

2. les prochains championnats (line 4)
    - (a) the approaching championships
    - (b) the next championships
    - (c) the imminent championships

3. Nathalie n'a jamais pensé à renoncer (line 7)
    - (a) Nathalie never thinks of giving up
    - (b) Nathalie would never think of giving up
    - (c) Nathalie has never thought of giving up

4. elle en a toujours rêvé (line 8)
    - (a) she has always dreamt of it
    - (b) she still dreams of it
    - (c) she has always had a dream

5. Elle tient parole (line 14)
    - (a) She talks a lot
    - (b) She is eloquent
    - (c) She keeps her word

6. Nathalie se joue des obstacles (line 18)
    - (a) Nathalie avoids the obstacles
    - (b) Nathalie takes the difficulties into account
    - (c) Nathalie makes light of the difficulties

7. elle est sur le point d'être recrutée (lines 22-23)
    - (a) she is on the point of recruiting
    - (b) she is about to be recruited
    - (c) she is on the verge of recruiting

8. veut être la meilleure (line 24)
    - (a) wants to be better
    - (b) wants to be manager
    - (c) wants to be the best

9. même comme partenaire de golf le dimanche (lines 33-34)
   - *(a)* even as a golfing partner this Sunday
   - *(b)* even as a golfing partner on Sundays
   - *(c)* considering her a golfing partner on Sunday

10. elle ne fait que commencer (lines 35-36)
    - *(a)* she is only doing what she can at the start
    - *(b)* she acts like a beginner
    - *(c)* she is only just beginning

15 marks

TOTAL: 45 marks

Lisez attentivement le texte puis répondez aux questions.

4. Hollywood: les nouvelles stars

Dernière mode à Hollywood: les films dont les héros sont encore en âge de fréquenter l'école primaire. Rien que l'été dernier aux États-Unis, on a pu recenser dix-huit films du genre sur les soixante sortis pendant cette période. Que cache donc cette passion effrénée pour les bambins qui apparaissent plus que jamais comme de précieuses denrées? «Pendant des années, Hollywood a privilégié la tranche d'âge des dix-huit/trente-cinq ans, explique Terry Semel, patron tout-puissant de la Warner. Aujourd'hui, dix ans après, le marché s'est considérablement modifié. Les responsables des studios se rendent compte que ce même public de "baby-boomers" a eu des enfants à son tour et qu'il est temps de penser à eux.»

On sait que les films reflètent ceux qui les font et ceux qui paient pour les voir. La plupart des producteurs ayant un pouvoir décisionnaire ont aujourd'hui entre trente-cinq et quarante-cinq ans. Nombre d'entre eux ont des enfants dont l'âge varie de huit à quinze ans. Soudain, ils se mettent à l'écoute des nombreux parents qui se plaignent du trop-plein de sexe et de violence au cinéma. Quant au nombre des enfants de moins de huit ans, il est en progression constante. Autant de données qui ont amené certaines grandes companies, Warner Bros et Sony entre autres, à se ranger derrière une nouvelle bannière qui estampille désormais leurs films familiaux. Un marché juteux qu'il n'est pas question de négliger. «Non seulement vous vendez un billet à un gosse, mais à quatre ou cinq de ses amis, et deux à ses parents, démontre avec un cynisme souriant le bouillonnant producteur Scott Rudin. En plus, ils sont fidèles et viennent souvent revoir le film!» Ce sont les jeunes spectateurs qui ont fait le succès phénoménal de *Maman, j'ai raté l'avion*, un film ayant rapporté plus de cinq cents millions de dollars dans le monde entier. Une surprise qui a ébranlé les responsables de Hollywood, souvent en manque d'imagination, et s'évertuant depuis à renouveler cet accident heureux.

Macauley Culkin reste le modèle à imiter. Difficile pourtant de l'imaginer en adolescent acnéique. D'autant plus que dans la réalité, il est petit et presque souffreteux pour son âge, en dépit de son visage angélique. Il touchera huit millions de dollars pour son prochain film, et ses revenus, il y a deux ans, ont été évalués à seize millions d'unités. Ses parents, qui l'aiguillent de manière très efficace, perçoivent 10% de ses cachets. De quoi susciter bien des vocations, même les plus précoces! Heureusement pour ses rivaux éventuels, Macauley ne peut à lui seul tourner tous les films.

Elijah Wood est l'un des plus chanceux. Il a fait preuve d'un aplomb sidérant face à des stars comme Richard Gere, Melanie Griffith, et Don Johnson. Tous les professionnels s'accordent à lui trouver l'étoffe d'une star, ce qui le laisse indifférent. «J'ai le droit de refuser les rôles qui ne me plaisent pas», dit le jeune acteur, qui a débuté en posant pour des photos de mode enfantine. «Ma maman veut que je sois heureux.» C'est une bonne raison.

Dans le premier film de Mel Gibson comme réalisateur, Nick Stahl est époustouflant de naturel et de maturité. «C'est le meilleur jeune acteur que j'ai rencontré», s'émerveille Gibson. A treize ans, Nick vit avec sa mère et ses deux sœurs à Dallas au Texas, et ne s'était jamais trouvé devant une caméra. Il a envie de continuer dans cette voie, même s'il admet des aspects ennuyeux au métier. «Mais on me paie bien pour ça. Ça compense parce que je fais l'acteur gratuitement.»

Et les filles dans tout ça? Pour ne pas être en reste, voici la jolie Ariane Richards: «Je suis prête à être actrice le reste de ma vie. Je ne veux pas devenir réalisatrice mais j'envisage de produire!» Longs cheveux noirs et visage sévère, Christina Ricci a été à bonne école. Enfant précoce, elle voulait être joueuse de football américain à six ans. Remarquée par un agent, elle a débuté à neuf ans aux côtés de Cher dans *Les Sirènes*. <u>Elle a bien grandi depuis</u>; c'est une adolescente réfléchie qui considère son métier avec une maturité un peu effrayante.

L'ogre Hollywood finira-t-il par dévorer toute crue cette pléiade de bambins et d'adolescents pleins d'espoir? Combien seront capables de franchir l'impitoyable étape de l'âge adulte? Une grande part de responsabilité revient à la famille. Si les parents ne le forcent pas, le jeune acteur ou la jeune actrice a toutes les chances de faire une belle carrière. A Hollywood, tous les rêves sont permis ...

COMPREHENSION QUESTIONS

		Marks
1. *(a)*	What is so remarkable about the new Hollywood stars?	1 point
(b)	Why are stars like this now in demand?	3 points
(c)	What makes these films such good box-office successes?	4 points
2.	What shows the extent of Macauley Culkin's success?	2 points
3.	Why have Elijah Wood and Nick Stahl been successful?	3 points
4.	In what way do the young female stars show a certain precocity?	3 points
		16 points
		= 30 marks

TRANSLATION EXERCISE

The following French phrases are all taken from the text: three possible ways of translating them are given. Choose the best version for this text. Write only the number and letter in your answer book, e.g. 1(a), 2(c), etc.

1. Quant au nombre des enfants (line 13)
   (a) When the number of children
   (b) As for the number of infants
   (c) As for the number of children

2. il est en progression constante (lines 13-14)
   (a) it is constantly increasing
   (b) it is constantly progressing
   (c) it is in constant progress

3. souvent en manque d'imagination (line 22)
   - (a) often lacking in imagination
   - (b) often missing out in imagination
   - (c) often full of imagination

4. en dépit de son visage angélique (line 26)
   - (a) despite his angular face
   - (b) despite his sharp features
   - (c) despite his angelic face

5. ses rivaux éventuels (line 29)
   - (a) his eventual rivals
   - (b) his possible rivals
   - (c) his possible enemies

6. tourner tous les films (line 30)
   - (a) turn up in all the films
   - (b) make all the films
   - (c) star in all the films

7. Elijah Wood est l'un des plus chanceux (line 31)
   - (a) Elijah Wood takes some of the biggest risks
   - (b) Elijah Wood takes the most chances
   - (c) Elijah Wood is one of the luckiest

8. les rôles qui ne me plaisent pas (line 34)
   - (a) the parts which I like
   - (b) the roles which please me
   - (c) the parts I don't like

9. des aspects ennuyeux au métier (line 40)
   - (a) boring aspects to the job
   - (b) boring people in the job
   - (c) bored individuals in the job

10. Elle a bien grandi depuis (line 46)
    - (a) She has become exceptionally tall since
    - (b) She has developed well since
    - (c) She has grown up a lot since

15 marks

TOTAL: 45 marks

Lisez attentivement le texte puis répondez aux questions.

5. Ile d'Yeu

Les yeux encore gonflés de sommeil, elles descendent sur le port en pantoufles, <u>parfois enveloppées dans une robe de chambre.</u> Leurs maris prennent le large, et le jour se lève à peine sur le quai Carnot. Les adieux sont brefs. Une femme de pêcheur ne regarde jamais un bateau larguer ses amarres. Vingt thoniers font encore ronfler leurs machines. A leur bord, cent cinquante marins traquent jusqu'aux Açores les bancs serrés de thons blancs. Ils quittent l'île d'Yeu pour quinze jours ou trois semaines, laissant dans leur sillage la ligne blanche des maisons à volets bleus, ce grain d'île où les femmes attendent leur retour, pétrifiées dans l'attente.

«A 44 ans, j'ose dire ce que je n'aurais pu avouer à 20 ans. J'attends que mon mari rentre pour vivre», lâche dans un sourire Ginette Burgaud. A 12 ans, elle a perdu son père et son frère lors du même naufrage. Francine Chauvet, elle, ne garde en mémoire que la souffrance de sa mère partagée entre l'impatience et la crainte du retour: «<u>Mon père buvait.</u>» Du sien, Christina Martin ne se rappelle qu'une boîte de crayons de couleur ramenée d'un port lointain: «Il est mort voilà cinq ans. Son pied s'est pris dans un filet ...»

Quand, adolescente, Francine rêvait d'indépendance, elle n'imaginait pas abandonner ses études et les promesses du continent pour suivre un homme qui lui dirait: «Si je dois choisir entre la mer et toi, alors je choisis la mer.» Et la mer, c'est à l'île d'Yeu: «J'avais quitté l'île depuis trois ans. En y revenant, je perdais mes amies du continent, sans retrouver les anciennes. Puis Christophe est parti à la pêche au thon et <u>j'ai passé l'hiver le plus long de ma vie</u>: trois semaines d'absence, quatre jours de présence ... et comme ça tout le temps! Je ne supportais pas la solitude et j'ai tout de suite voulu un enfant. Les femmes de marins sont mères très tôt. Ça aide!» Dans sa maisonnette Francine écrit à Christophe des petits messages, des lettres qu'elle lui donnera à son retour: «<u>Tout ce que j'ai envie de lui dire avant qu'il ne reparte.</u>» Sa fille, Laurène, décroche son téléphone en plastique d'où fuse une voix synthétique: «Quel temps fait-il aujourd'hui?».

Même si le marin en souffre, son retour déboussole et chamboule les structures mises en place sans lui. <u>Il sent le poisson</u>, ça dégoûte, il a encore dans les oreilles le fracas du moteur, mange sa soupe avec le dos de la cuillère, ne sait plus où est rangé le sel, balance ses chaussettes n'importe où ... «Tu n'es plus sur ton bateau!» hurle Francine. D'une manière ou d'une autre, ils sont tous hors circuit, pas réceptifs, pas disponibles pendant au moins vingt-quatre heures. Ça déçoit. «Restée sans personne à qui me confier, <u>j'attends tout de lui</u>», nos trois enfants aussi, explique Bernadette. Pourtant, quand il rentre, l'aîné se cabre. A 11 ans, il supporte mal de voir son rôle d'homme de la famille remis en question par le retour du père. Quant à moi, ce n'est pas le moment de la ramener avec mes problèmes. Seulement voilà, en partant en mer, il s'éloigne de tout ça, moi jamais.»

Vissée sur ce bout de terre hors du temps, Bernadette a d'autant plus de mal à vivre cette inertie car elle n'est pas fille de pêcheur. Les autres admettent volontiers l'ingratitude du métier; être femme de marin oblige à sacrifier sa vie professionnelle pour la vie terrestre de son mari. Mais Bernadette n'est pas d'accord. A 35 ans, elle se bat, alors que les plus âgées acceptent sereinement leurs défaites: «Je veux vivre!» Et vivre, c'est travailler. Pas question d'abandonner son mi-temps de préparatrice en pharmacie, et tant pis si les rares instants du couple se comptent en repas pris ensemble. Vivre, c'est sortir le soir, même si les nounous coûtent cher.

Le ronron d'une île, assez petite pour en faire le tour à vélo, pèse lourd sur le moral. <u>Tout
45 le monde se connaît</u>, parfois trop ... On s'entraide, mais on chipote. Tout se sait, «Mais, dans le fond, personne n'a besoin d'associations pour communiquer», remarque Ginette Burgaud, qui se lance à corps perdu dans le bénévolat avec les écoles. D'autres participent à des groupes de lecture, vont au cinéma qui reste ouvert les week-ends d'hiver, ou jouent dans l'équipe de hand-ball.

50 Comme Francine, Christina, et Bernadette, lorsque la pluie et les vents mordent l'herbe rase et giflent les maisons basses, <u>Ginette maudit le métier de marin</u>: «Mais je n'ai plus d'amertume. On a lentement trouvé un équilibre. Nous sommes de plus en plus inséparables, comme si l'absence avait soudé notre couple. Ces quelques jours arrachés à la mer sont, chaque fois, une lune de miel!» L'attente a nourri leur amour pour un seul
55 homme, malgré l'attachement de leur mari pour une autre. Ginette attend toujours avec joie son vieux marin "buriné par les vents, abîmé par la mer" et, <u>à la veille de la retraite</u> (52 ans pour les pêcheurs), elle sait que l'océan finira bien par le lui rendre, plus amoureux qu'au premier jour de leurs noces.

COMPREHENSION QUESTIONS

Marks

1. (a) Describe the women who see off their husbands at the harbour. — 3 points
   (b) How has death affected the lives of the women? — 3 points
   (c) Why do you think Francine wanted to have a family so soon? — 1 point

2. (a) What difficulties do fishermen face readjusting to daily routine at home? — 3 points
   (b) How does the return of Bernadette's husband affect her life and that of her children? — 4 points
   (c) In what way does Bernadette show her independence? — 2 points

3. According to Ginette, in what way has the sea helped to strengthen her marriage? — 2 points

18 points
= 30 marks

TRANSLATION EXERCISE

The following French phrases are all taken from the text: three possible ways of translating them are given. Choose the best version for this text. Write only the number and the letter, e.g. 1(c), 2(a), etc.

1. parfois enveloppées dans une robe de chambre (lines 1-2)
    - *(a)* sometimes wrapped in a towel
    - *(b)* sometimes wrapped in a dressing-gown
    - *(c)* sometimes wearing an evening dress

2. Leurs maris prennent le large (line 2)
    - *(a)* Their husbands take to the open sea
    - *(b)* Their husbands take the large trawler
    - *(c)* Their husbands take the wide boat

3. Mon père buvait (lines 12-13)
    - *(a)* My father drinks
    - *(b)* My father used to drink
    - *(c)* My father drowned

4. j'ai passé l'hiver le plus long de ma vie (lines 19-20)
    - *(a)* I spent the long winter of my life
    - *(b)* I spent the longest winter of my life
    - *(c)* the winter of my life passed me by

5. Tout ce que j'ai envie de lui dire avant qu'il ne reparte (lines 23-24)
    - *(a)* Everything I feel like telling him before he goes away again
    - *(b)* Everything I want to say to him in case he does not come back
    - *(c)* Everything I feel like telling him in case he does not go away again

6. Il sent le poisson (line 27)
    - *(a)* He smells the fish
    - *(b)* He smells of fish
    - *(c)* He smells fish

7. j'attends tout de lui (lines 31-32)
    - *(a)* I wait for everything from him
    - *(b)* I expect everything from him
    - *(c)* I see to his every need

8. Tout le monde se connaît (lines 44-45)
    - *(a)* Everyone knows everyone else
    - *(b)* Everyone really knows himself
    - *(c)* Everyone recognises everyone else

9. Ginette maudit le métier de marin (line 51)
   (a) Ginette curses the sailor's lot
   (b) Ginette curses a marine's job
   (c) Ginette curses a sailor's job

10. à la veille de la retraite (line 56)
    (a) on the brink of retirement
    (b) the very day before he retires
    (c) the Christmas Eve prior to his retirement

15 marks

TOTAL: 45 marks

Lisez attentivement le texte puis répondez aux questions.

5. J'ai plongé à 17 ans

Je suis né dans une famille sans problèmes financiers. Nous habitions Versailles. Mon père était très autoritaire. Il avait fait la guerre d'Algérie à 19 ans, dans les unités d'élite. Ma sœur et moi, nous n'avions le droit de rien faire en dehors de l'école. Je ne pouvais pas aller jouer au foot avec mes copains, ni les amener à la maison. Le pire, c'est qu'il ne justifiait jamais ses décisions. «C'est comme ça», disait-il. Je trouvais cela stupide, injuste, révoltant. A force, j'ai fini par croire que j'étais différent des autres.

Une chose était insupportable: nous ne parlions jamais, ou alors de choses insignifiantes; «Tu as fait ta chambre?», «Quelles notes as-tu eues aujourd'hui?» De sujets graves, ou qui nous tenaient à cœur, jamais. Je souffrais beaucoup de devoir tout garder pour moi. A 9 ans, mon meilleur ami a déménagé. Ça a été un drame pour moi. Je n'ai pu en parler à personne.

Si je suis tombé dans la drogue, je pense, c'est pour me créer une nouvelle famille. Des gens avec qui je pourrais parler. C'était l'époque des hippies (la fin des années 60). Leur mode de vie m'attirait. Un copain m'avait dit qu'il pouvait se procurer du hasch. J'ai eu envie d'essayer. En fait, ça m'a rendu complètement malade: j'ai eu très mal à la tête, j'ai vomi horriblement ... Les copains, eux, avaient l'air de prendre leur pied. Du coup, je devenais encore plus parano: pourquoi cela marchait-il pour eux et pas pour moi?

A 17 ans, j'ai eu une grosse déception amoureuse. Mon père a eu cette repartie très originale: «Une de perdue, dix de retrouvées ...» Et notre conversation s'est arrêtée là.

Après le bac, j'ai entrepris de vagues études de comptabilité. J'allais au cours en touriste. La seule recherche qui m'intéressait, c'était moi. Je suis allé voir un psychiatre qui lui aussi s'est posé en censeur: «Nicolas, arrête tes conneries, cesse de rendre la vie impossible à tes parents.» Puis tout est allé très vite. Un soir de Noël, un copain m'a proposé un acide, du LSD. J'ai essayé. J'avais tellement envie de tout oublier ... Je ressentais des choses puissantes, je voyais des images, dans lesquelles je n'étais pas. Juste ce qu'il me fallait, pour m'oublier. J'en prenais avec les copains, ou seul à la maison. Mes parents ont mis trois ans à s'en rendre compte.

Et petit à petit, je me suis lassé. Avec des copains, on s'est mis à fabriquer des ordonnances! Je suis passé à l'éther, aux amphétamines, aux médicaments coupe-faim, plus tard à la morphine. La drogue, c'est comme un nouveau disque. On t'en parle, tu n'as qu'une envie, c'est de l'acheter, tu l'écoutes cinquante fois, puis tu en as marre, tu changes de disque. Sauf qu'avec la drogue, c'est pire, car tu espères qu'elle va résoudre tes problèmes. Et quand tu n'en as plus, tu te retrouves toujours aussi mal dans tes baskets. A l'époque, je pesais 57 kg pour 1,86 m. En 1978, j'avais 20 ans, mon père a quitté son boulot: «Je monte une boîte pour toi», m'a-t-il dit. Je suis tombé des nues. Pourquoi s'intéressait-il tout à coup à moi? Parce qu'il avait honte, parce qu'un toxico dans une famille, ça ne fait pas propre? J'ai quand même joué le jeu. Sur le plan professionnel, nous nous entendions bien, mais sur le plan affectif, rien n'avait changé. Le néant.

C'est alors que j'ai rencontré une fille qui prenait de l'héroïne. On est sortis ensemble, et je suis devenu héroïnomane. Nora est tombée enceinte, elle continuait à se shooter. J'étais fou de joie d'avoir un enfant, mais je n'envisageais pas de décrocher pour autant. Je travaillais dans la journée, je dealais un peu pour payer la dope. Je pensais vraiment qu'on pouvait être toxico et élever un enfant. Elle n'était pas d'accord. On s'est séparés, et j'ai gardé l'enfant, Julien.

45 Les deux années qui ont suivi ont été les plus noires de ma vie. J'avais fait le tour de l'héro, mais je continuais à me shooter, machinalement, sans plaisir. Je suis devenu méprisant, agressif. La drogue, ça te fait perdre tout respect envers la société.

En 1984, à 26 ans, j'ai recontré Nadia. Elle nous a hébergés, Julien et moi. Elle nous héberge encore aujourd'hui! C'est elle qui m'a sauvé. Elle a joué pour moi le rôle d'une
50 infirmière, d'une thérapeute, d'une mère. Effectivement, ça a duré six ans. Peut-être n'avais-je pas vraiment envie de guérir. Jusqu'à un soir de Noël où Julien a mangé des épinards sans beurre: tout l'argent était parti en dope. Là, j'ai eu honte, il fallait vraiment que j'arrête.

J'avais touché le fond. J'ai décidé alors de vivre. J'ai rencontré un psychiatre, un vrai. Il
55 avait une façon de me regarder, de m'écouter, de croire en moi ... Je n'ai jamais repiqué. Et je ne le ferai pas. Parce que j'en ai fait le tour, d'abord. La drogue n'a plus rien à m'apprendre. Et puis parce que j'ai un projet: reconstituer une famille, élever mon fils, regagner sa confiance. Je suis pour lui le pire et le meilleur exemple. Le pire pour être tombé aussi bas, et le meilleur pour m'en être sorti.

COMPREHENSION QUESTIONS

Marks

1. (a) As a child, how was the author treated by his father? — 4 points

   (b) Why did the author have to deal with his problem on his own? — 3 points

   (c) Which event must have deepened his sense of loneliness as a child? — 1 point

2. Why did the author start to take drugs? — 3 points

3. (a) When he was twenty, how did his father try to help him? — 2 points

   (b) What was the father's real reason for helping? — 1 point

4. (a) Why did the author and Nora not stay together? — 2 points

   (b) Why does the author think he will never go back to taking drugs? — 4 points

   20 points

   = 30 marks

5. Traduisez en anglais: «Elle nous a hébergés, Julien et moi ... il fallait vraiment que j'arrête.» (lignes 48-53) — 15 marks

TOTAL: 45 marks

Lisez attentivement le texte puis répondez aux questions.

7. La complainte de l'homme malade

L'homme malade n'a rien à voir avec la femme malade. D'abord, une femme n'est jamais malade. Quand l'homme est malade, il l'exprime de toutes les façons, mais jamais normalement. Regarder un homme malade, c'est simple: ça rend malade.

L'appartement est silencieux. Sombre. Vide ... Pourtant la porte n'est pas fermée à clé.
5 Inquiétude. Vous posez votre sac, allumez dans le salon et découvrez, posée sur le canapé, une momie inca, position assise. Une chose pétrifiée, enroulée dans une couverture. Vous n'osez pas crier. Vous vous penchez, écartez le suaire: «Que se passe-t-il, chéri?» Réponse faible entre les dents serrées: «Je suis malade.» Argument logique, plein de sollicitude: «Mais pourquoi ne te mets-tu pas au lit?» Fin de non-recevoir de l'épave souffrante: «Pas
10 question. Ça va passer. Fais comme si je n'étais pas là.» C'est difficile, puisque sa présence douloureuse transforme le salon en chambre ardente. Première constatation: l'homme malade ne se couche pas quand il est souffrant. Il préfère hanter la maison.

Vous ne pouvez rien pour lui, vous fermez la porte et vous vous repliez sur les autres pièces. Puis vous allez chercher les enfants à l'école. Quand vous revenez, la momie inca
15 a disparu. Mon Dieu, il s'est peut-être fait hospitaliser d'urgence! J'aurais dû le prendre plus au sérieux. Vérification des lieux. La porte de la chambre est fermée. Sur le lit non défait, une autre momie, égyptienne cette fois, allongée, roulée dans la même couverture. «Ça ne va toujours pas?» — «Non, mais fais comme si je n'étais pas là.» Ce qui n'est pas plus facile que tout à l'heure. Il a fermé les rideaux, éteint les lumières. Vous vous cognez contre les
20 meubles. «Écoute, ne reste pas comme ça, prends rendez-vous pour demain chez le médecin!» — «Demain, je serai peut-être mort.» C'était une bronchite. Au bout de quelques années, on reste flegmatique.

Les femmes, elles, quand elles sont malades, ont décidé depuis longtemps qu'elles avaient le choix entre deux attitudes: prendre de l'aspirine et ne pas en tenir compte, parce
25 qu'elles n'ont pas de temps à perdre, ou dans des cas vraiment graves, se coucher dans des draps bien frais, et administrer la maison depuis leur lit, avec téléphone et thé bouillant. Quand ça ne va pas du tout, elles se remettent entre les mains de la science. Sont-elles plus stoïques, comme la légende le dit, parce qu'elles accouchent? C'est moins vrai de nos jours, puisque, grâce au progrès, les enfants pointent leur joli museau avec le moins de douleurs
30 possible. Mais de toute façon, elles sont logiques et organisées, c'est-à-dire pragmatiques.

Les hommes, eux, ne sont pas des ménagères. Ne pas confondre. Ce sont des guerriers, des chasseurs de bisons, des aventuriers qui n'ont peur ni des tigres ni des moustiques. Leurs mères leur disaient: «Sois courageux, tu n'es pas une fille.» Et leurs pères: «Tu seras un homme, mon fils.» Ils sont persuadés qu'ils n'ont pas le droit d'être malades. Vous
35 imaginez Jules César avec une bouillotte sur le ventre, Alexandre le Grand prenant une inhalation, ou bien Indiana Jones devant un alignement de flacons et d'ordonnances?

Mais comme, bien que d'une espèce supérieure, ils sont quand même de simples êtres humains, ils attrapent, comme tout le monde, les maladies qui passent, ne le supportent pas, et font un cirque pas possible. C'est surtout en face des enfants que l'image du guerrier
40 viril doit être préservée. Jamais le père ne doit être couché et souffrant devant sa progéniture; son prestige tomberait à l'eau pour toujours. Le souffreteux reste donc dans

un fauteuil, plié en deux par son pancréas qui disjoncte, la tête décomposée, un sourire de grenouille, et pouvant à peine articuler. Je n'arrive toujours pas à comprendre comment cette image paternelle peut être plus positive que celle d'un homme au lit. Il y a peut-être une explication: les hommes doivent être obsédés par ces souvenirs humiliants qui ont traversé l'histoire; ceux des généraux "morts dans leur lit", après que leurs troupes se furent fait tailler en rondelles d'Azincourt à Balaklava.

L'homme malade, c'est évident, devient très facilement hypocondriaque. Toute poussière qui vole lui déclenche un cancer de l'œil. <u>Mais n'en parlons pas</u>, ça va affoler la famille. Il se mure donc dans un désespoir de bon ton. Si certains hommes malades ne consultent pas, c'est pour une raison simple: ils ne veulent pas être opérés. Allons, allons, Jean-Bertrand, on est un grand garçon, on n'a pas peur de la gentille infirmière? Bien sûr qu'ils sont courageux. Ce qu'ils craignent, c'est la mutilation. «Je ne veux pas qu'on m'ôte une partie de moi-même. Je veux garder mon foie et mon estomac, ce sont des propriétés privées. Ne me touchez pas!» Dans ces cas tragiques, il faudra assommer la bête à coups de marteau pour lui sauver la vie.

Un matin, il dit devant <u>sa tasse de café</u>: «J'ai failli mourir cette nuit.» Vous êtes agitée de frissons et de honte (vous dormiez). Mais, heureusement, c'est la bronchite qui a perdu la partie. On peut repartir vers de nouvelles aventures, avec un homme neuf. L'homme malade est donc un être à part, qui n'évoque rien de connu, et ne permet aucune stratégie appropriée. La seule attitude possible de la part de l'épouse est, par conséquent, une grande placidité face aux attitudes extravagantes, beaucoup de sollicitude en général pour <u>éviter les rechutes</u>, et surtout, un légitime égoïsme: les hommes ont une sainte horreur qu'on soit malade et ne nous passeraient pas le quart de ce que nous leur passons.

COMPREHENSION QUESTIONS

Marks

1. (a) According to the author, what is the difference between an ill man and an ill woman? — 2 points

   (b) When the author gets home, why does her husband appear so ludicrous? — 2 points

   (c) What is the author's first observation about an ill man? — 1 point

   (d) How do you know that the author's husband has been rather overacting? — 2 points

2. (a) According to the author, how do women respond to their own illnesses? — 4 points

   (b) What reasons does the author give for a man's behaviour towards illness? — 4 points

3. (a) What is the real reason for men not going to bed when they are sick? — 2 points

   (b) Why do men not like going to the doctor? — 2 points

19 points
= 30 marks

TRANSLATION EXERCISE

The following French phrases are all taken from the text: three possible ways of translating them are given. Choose the best version for this text. Write only the number and the letter, e.g. 1(c), 2(a), etc.

1. la porte n'est pas fermée à clé (line 4)

    (a) the door is not closed
    (b) the door is ajar
    (c) the door is not locked

2. allumez dans le salon (line 5)

    (a) light a cigarette in the lounge
    (b) put the light on in the lounge
    (c) light the fire in the lounge

3. Fais comme si je n'étais pas là (line 10)

    (a) Carry on as if I weren't there
    (b) Do like I am not there
    (c) Just pretend I am not here

4. il s'est peut-être fait hospitaliser d'urgence (line 15)

    (a) perhaps he has been rushed to hospital
    (b) perhaps he has gone to hospital
    (c) perhaps he has been taken to hospital

5. J'aurais dû le prendre plus au sérieux (line 15-16)

    (a) I should take him more seriously
    (b) I should have taken him more seriously
    (c) I ought to take him seriously

6. elles accouchent (line 28)

    (a) they lie down
    (b) they go to bed
    (c) they give birth

7. les maladies qui passent (line 38)

    (a) the sick people who go by
    (b) the illnesses which are serious
    (c) the illnesses which are going around

8. Mais n'en parlons pas (line 49)

    (a) But let's not talk about it
    (b) But let's not talk about him
    (c) But don't talk about it

9. sa tasse de café (line 57)
   (a) his coffee cup
   (b) his cup of coffee
   (c) his coffee

10. éviter les rechutes (line 63)
    (a) avoid falls
    (b) avoid relapses
    (c) avoid hair loss

15 marks

TOTAL: 45 marks

Lisez attentivement le texte puis répondez aux questions.

8. Laissez parler les fleurs

Vendredi, nous étions invités à dîner chez Pascale et Cyrille, nos voisins du quatrième. Il y avait sur la table du séjour un superbe bouquet de fleurs, et ma femme n'a pas caché son admiration. «Un cadeau de Cyrille, a expliqué Pascale. Chaque année, pour fêter l'anniversaire de notre rencontre, il m'offre des roses ... rouge vif bien sûr, couleur de la
5 passion!» a-t-elle ajouté en faisant un petit clin d'œil à Valérie. Puis elle a eu pour son mari un regard discret mais d'une tendresse éloquente, un rapide aparté comme on en surprend parfois entre deux amoureux lorsqu'ils se trouvent en société. Juste à ce moment, j'ai réalisé que Valérie me regardait d'un air éloquent comme si elle était en train de se faire une comparaison qui ne tournait pas forcément à mon avantage. Brusquement, sans bien
10 savoir pourquoi, j'ai ressenti un vague sentiment de culpabilité à son égard. A vrai dire, ça n'a duré qu'un instant et cinq minutes plus tard, j'avais déjà oublié l'incident.

Enfin, je croyais l'avoir oublié. Et puis voilà qu'au milieu de la nuit, je me réveille. Et là, grosse insomnie. Tout y passe: le rendez-vous à prendre pour le contrôle technique automobile, ma calvitie qui augmente, mon chef de service qui ne reconnaît pas mes
15 mérites ... et, de fil en aiguille, j'en viens à penser à Valérie. A Valérie et à moi. A notre couple, quoi. Pourquoi m'avait-elle regardé ainsi quand Pascale avait vanté son mari si attentionné? Valérie n'allait quand même pas me reprocher de ne pas lui offrir de fleurs après douze années de bonne et loyale vie conjugale! D'ailleurs, c'est si facile d'offrir des fleurs pour un mari! Car ça veut dire quoi, au fond? Que son amour pour sa femme est
20 quelque chose de si exceptionnel qu'il ne ressurgit que de loin en loin sur commande, et qu'il dure ce que durent les roses — l'espace d'une soirée? Et qu'ainsi dédouané le mari peut se comporter en bel indifférent, voire en parfait mufle, le reste de l'année? Vous parlez d'un tact, vraiment!

Et puis, quel sentimentalisme puéril, ce langage des fleurs! Un homme et une femme qui
25 ont choisi de vivre ensemble n'ont plus besoin d'échanger à tout bout de champ ces preuves codées de l'amour (les fleurs, les baisers, les mots doux) que réclame une passion naissante et encore incertaine de ce qui la fonde. Ils ont entre eux des garanties autrement plus solides: le temps passé ensemble, les joies et les soucis partagés, les enfants. Ils n'idéalisent plus leur partenaire: ils l'acceptent tel qu'il est, avec ses qualités et ses défauts, sachant
30 qu'ils peuvent de toute façon compter l'un sur l'autre. C'est cela qui importe, pas d'aller jouer une fois par an les tourtereaux en mal d'amour! Non?

L'ennui, c'est qu'avoir raison n'empêche pas toujours d'être dans son tort, et que je continuais à ne pas pouvoir m'endormir. A force de me retourner, il m'a semblé qu'il n'y avait qu'une façon de résoudre le problème.

35 Ce soir-là, j'ai quitté le bureau une demi-heure plus tôt. Quand Valérie est rentrée, tout était prêt: vase déniché en haut du placard de la cuisine, tiges coupées selon les instructions du fleuriste, pétales harmonieusement mêlés, vraiment ma composition florale ne manquait pas d'allure! J'avais décidé qu'il y aurait des fleurs de toutes les couleurs pour toutes les humeurs de la vie, pour les rires comme pour les pleurs. Valérie est restée un moment
40 absorbée dans la contemplation du bouquet. «C'est pour moi?» a-t-elle enfin murmuré d'une voix presque inaudible. «Pour toi et pour moi, mon amour, pour fêter notre quotidien exceptionnel.»

45 Elle n'a rien ajouté mais ce n'était pas la peine. Ses yeux parlaient pour elle: c'était ce même regard plein de tendresse, comme mouillé, qu'elle avait eu un soir sur une plage la première fois que je l'avais prise dans mes bras. Alors je l'ai prise dans mes bras, exactement comme la première fois. Et c'était comme la première fois.

C'est vrai: beaucoup de choses sont possibles grâce aux fleurs. Alors, ne dites rien et laissez-les parler pour vous.

COMPREHENSION QUESTIONS

Marks

1. Why does the author feel slightly guilty at his neighbour's house? — 2 points

2. *(a)* Mention three thoughts which disturbed his sleep that night. — 3 points

   (b) How does he describe his own married years? — 2 points

3. What does he consider more important than the giving of flowers? — 3 points

4. *(a)* Why does he decide to buy flowers of different colours? — 2 points

   (b) How effective is his gesture as a symbol of his love? — 2 points

   14 points
   = 30 marks

5. Traduisez en anglais: «Pourquoi m'avait-elle regardé ... au fond?» (lignes 16-19) — 15 marks

TOTAL: 45 marks

Lisez attentivement le texte puis répondez aux questions.

9. La mort de Roméo et Juliette

Gabriel a 28 ans; il est parisien, assistant à la fac, beau, et comme on dit, plein d'avenir. Pourtant Gabriel est seul. Certes il ne manque pas d'amis, de petites amies, et de petits bonheurs mais, il ne sait pourquoi, une désespérance le tourmente: «Toute rencontre, dit-il en ouvrant la porte de sa 205 rouge, reste insatisfaisante. Les regards ne se trouvent plus.
5   Quelque chose est cassé dans les rapports humains.» Gabriel part seul en week-end. Éprouvera-t-il un beau jour, malgré tout, cette illumination qui lui soudain, tel Chérubin des *Noces de Figaro*, lui mettra aux joues et au cœur le rouge coquelicot? Il en doute, tout comme Fabienne, 29 ans, qui a choisi d'être photographe, de voir le monde dans son objectif plutôt que de regarder sereinement ses lointains compagnons, les hommes: «J'ai
10 peur de me laisser aller: l'échec fait mal à l'amour-propre.»

Fabienne et Gabriel sont comme ces seize millions de femmes et d'hommes qui aujourd'hui en France vivent seuls. Seize millions qui n'ont pas encore rencontré l'âme sœur. Cela fait, au-delà du "phénomène de société", une blessure invisible qu'abritent les façades apparemment tranquilles des grandes villes. C'est en effet dans les villes, là où l'on
15 croise tout le monde et personne, que les coups de cœur sont les plus improbables. Le sociologue Gilles Lipovetsky le dit bien: «Plus la ville développe de possibilités de rencontres, moins on se rencontre.» Et la plupart de ses confrères insistent sur le drame qu'a engendré, cette dernière décennie, l'intrusion du télex, du vidéophone et des bip-bip en tout genre.

20 A force de se perfectionner, de viser la rapidité, la communication a fini par se nier: elle est devenue froide. S'écrit-on? Oui, mais pour s'envoyer des lettres recommandées, des contrats ou des imprimés. Les lettres d'amour? Le téléphone autorise à se dire tout, si vite. On n'attend plus le courrier parfumé, on n'a plus ce battement de cœur, on brûle tout, tout de suite.

Selon un sondage IFOP (Institut Français d'Opinion Publique) effectué pour Uni-Inter
25 auprès de 1 000 personnes, 77% d'entre elles avouent leur ardent désir de rencontrer celui ou celle qui, comme la Mimi de l'opéra *La Bohème*, dira à son Rodolfo: «Ah oui, oui, je t'aime!» Mais leur cœur reste vide. La rencontre? «Nous vivons dans la société du paraître, dit l'un. La vérité nue de l'amour n'exite plus.» «La société glace tout, répond l'autre. Nous sommes les enfants du marketing et du Minitel.» Ce qui, en termes d'enquête IFOP,
30 se traduit par le fait que 42% des sondés estiment que décidément, de nos jours, les relations avec les autres restent très superficielles. Nous ne pouvons plus dire nos émotions, nous sommes condamnés à souffrir en silence, à confier nos rêves et nos fantasmes à des écrans vidéo, à des correspondants anonymes qui, à l'autre bout du réseau Minitel, lancent eux aussi des SOS.

35 Cela signifie-t-il que nous serions devenus infirmes? Incapables de vraies rencontres, d'un certain don de soi? Et que la société qui cependant mêle garçons et filles à l'école, Blacks et Beurettes dans la ville, hommes et femmes au travail serait responsable, comme elle l'est du chômage et de la violence, de nos impossibilités amoureuses? Qu'elle serait celle par qui le scandale du non-amour est arrivé? Qu'elle aurait signé, à force de mettre les uns et les
40 autres à nu, à vif, et en danger, la mort de Roméo et Juliette?

Selon une autre enquête auprès de 3 000 couples formés entre 1960 et 1984, sur la naissance du lien amoureux, on en ressort un déclin progressif et régulier des rencontres de voisinage. Ce qui autrefois était un mode majeur est quasiment tombé en désuétude. Aujourd'hui la communauté, village ou tribu familiale, se désintéresse totalement du célibataire. Le village est devenu lieu de vacances et de simple passage, la famille a éclaté. Les familles ne sont plus là pour "arranger" les rencontres. Désormais, la rue et les cafés, les centres commerciaux et <u>les transports en commun</u>, les agences de voyages vendeuses d'aventures et de conquêtes, les petites annonces spécialisées et le Minitel rose sont les seules "marieuses". On ne peut plus rencontrer que des inconnus, et c'est cela qui fait peur, de là peut-être que vient le mal: la solitude.

Dans une implacable logique, <u>elle pousse ceux qui sont seuls</u> à se réfugier dans les boîtes, les discothèques, ou les clubs. Toujours selon le sondage IFOP, 76% des interviewés estiment que c'est en ces endroits qu'ils ont le plus de chances de rencontrer celui ou celle avec qui ils fonderont un foyer. Mais une chose est sûre: 35% des hommes et des femmes interrogés (et c'est le meilleur enseignement que nous livre ce sondage IFOP) <u>redoutent les rencontres de hasard</u>. Par peur des mésalliances? Comme le dit encore Fabienne la photographe, «On croit souvent que l'on peut trouver mieux.» La parade amoureuse, dans ces conditions, s'éloigne du désir pour n'être que jeu d'acteur.

Déjà, au printemps, les rues appellent les promeneurs, des amoureux courent à leur rendez-vous, d'autres ce soir trouveront que la plus belle est venue s'asseoir près d'eux, dans ce bar, dans ce club, lors d'un voyage où le désert même de l'amour les avait menés ... car la rencontre est inéluctable. C'est elle qui incendie les vies. Alors oui, suivez le fil invisible, comme fille et garçon de *la Dentellière*, de Pascal Lainé, qui «ne sentaient pas que dans cette solitude, moins d'une heure après qu'ils s'étaient rencontrés, résidait le possible désir d'une vie à deux!».

COMPREHENSION QUESTIONS

Marks

1. *(a)* Why is it surprising that Gabriel does not have a partner? — 3 points

   (b) How has the development of communications impeded romance? — 2 points

2. What information about relationships does the IFOP survey bring to light? — 4 points

3. *(a)* How have trends changed out of the city? — 3 points

   (b) What are single people most afraid of? — 1 point

4. Where do single people have most chance of meeting someone with whom they can set up a home and start a family? — 3 points

16 points

= 30 marks

TRANSLATION EXERCISE

The following French phrases are all taken from the text: three possible ways of translating them are given. Choose the best version for this text. Write only the number and the letter, e.g. 1(c), 2(a), etc.

1. il ne manque pas d'amis (line 2)

    (a) he does not miss his friends
    (b) he does not lack friends
    (c) he does not survive without friends

2. Gabriel part seul en week-end (line 5)

    (a) Gabriel feels lonely at the weekend
    (b) Gabriel goes away at the weekend
    (c) Gabriel goes away by himself for the weekend

3. Il en doute (line 7)

    (a) He doubts it
    (b) He doubts them
    (c) He does not believe in it

4. l'échec fait mal à l'amour-propre (line 10)

    (a) failure hurts your pride
    (b) failure affects your own love
    (c) failure affects your relationships

5. cette dernière décennie (line 18)

    (a) in the last decade
    (b) this last decade
    (c) in the last seventy years

6. S'écrit-on? (line 21)

    (a) Do we write?
    (b) Can one write?
    (c) Do we write to each other?

7. Nous ne pouvons plus dire nos émotions (line 31)

    (a) We cannot express our emotions
    (b) We cannot speak of our emotions
    (c) We can no longer express our emotioms

8. les transports en commun (line 47)

    (a) common types of transport
    (b) similar means of transport
    (c) public transport

9. elle pousse ceux qui sont seuls (line 51)
   - *(a)* she forces those who are alone
   - *(b)* it forces those who are alone
   - *(c)* it pushes those individuals

10. redoutent les rencontres de hasard (lines 55-56)
    - *(a)* dread chance encounters
    - *(b)* do not believe in chance meetings
    - *(c)* have little faith in chance encounters

15 marks

TOTAL: 45 marks

Lisez attentivement le texte puis répondez aux questions.

10. Le cirque des vanités

«Avant, il n'y avait que des gens riches qui venaient passer l'été dans leurs propriétés. Aujourd'hui, on voit apparaître des groupes ethniques qui viennent ici pour des séjours plus courts.» Ethnique. Le mot est lâché. Cette élégante résidente d'East Hampton, à l'évidence, ne serait pas contre une certaine purification qui rendrait le séjour de ces
5 fâcheux groupes ethniques encore plus court, voire impossible. Nous sommes sur la terrasse de sa maison, au bord d'une plage qui s'étend sur plusieurs kilomètres ... Quelques baigneurs (à quel groupe appartiennent-ils?) s'agitent dans les grosses vagues de l'Atlantique, loin, très loin. Ensemble en lin blanc aussi impeccable que la toile écrue de ses fauteuils, un bloody-mary dans sa longue main bronzée, la résidente ajoute sèchement:
10 «East Hampton est devenu un zoo, les gens deviennent des singes.»

East Hampton: point chic des Hamptons, cet ensemble de beaux villages anciens qui font de la presqu'île de Long Island, un rendez-vous international de célébrités et de milliardaires. Cela fait quelques décennies que cette Normandie est à la mode, et que, dès le printemps, elle fait le plein chaque week-end, jusqu'en octobre, mais aujourd'hui, trop
15 c'est trop, le ras-le-bol règne chez les "anciens". Un ancien? Ici, c'est quelqu'un qui s'est installé vingt-quatre heures avant vous. «On est toujours le snob de quelqu'un, dans les Hamptons», souligne Jean-Paul Goude qui était venu travailler au calme l'été dernier dans une jolie maison. Un snobisme certain et un racisme discret font partie des "valeurs" traditionnelles depuis toujours, peut-être davantage aujourd'hui, avec l'apparition des
20 nouveaux "groupes ethniques" auxquels fait allusion notre amie la résidente. C'est vrai qu'on voit très peu de "non-Blancs" sur les plages.

Dans un bar, il y a des hommes d'affaires de Wall Street déguisés en vagabonds chics et des dames trop bien liftées dont les coudes ridés trahissent l'âge. Dans l'échelle du snobisme, les W.A.S.P. (White Anglo-Saxon Protestants) occupent évidemment le sommet. Ils sont
25 en général synonymes de ce qu'on appelle ici les "old money". Les héritiers de ces vieilles fortunes évitent de se mélanger au vulgum pecus et regrettent le temps où les Hamptons étaient leur domaine réservé, et où les parvenus: (les "new money") n'avaient pas encore gâché la région. Du point de vue des Indiens qui vivaient là au XVIIe siècle, il est certain que la région a été gâchée beaucoup plus tôt. Par l'arrivée des Anglais en juin 1640, entre
30 autres, lorsqu'ils se sont installés pour la première fois dans l'État de New-York. Pour les Indiens toujours, la situation ne s'est pas améliorée avec l'arrivée, en 1850, des premiers touristes, puis avec l'apparition du chemin de fer, en 1870. Dès le début du siècle, de grandes familles américaines comme les Dupont de Nemours faisaient construire de magnifiques propriétés où elles venaient passer l'été, accompagnées de dizaines de
35 domestiques ...

Épilogue: <u>l'ancien domaine Dupont de Nemours à Southampton a été acquis en très mauvais état, il y a quelque temps, par un nouveau (très) riche qui a décidé de le transformer, après avoir acheté quatre millions de dollars une maison voisine pour surveiller les travaux. Tourelles de 30 m de haut et autres fantaisies ... Il ne faisait
40 qu'obéir à sa femme</u> qui lui avait dit: «Je veux un château au bord de la mer.» Mais les W.A.S.P., tout puissants à Southampton, ont fait barrage. Le message était clair: allez donc faire vos saletés à Miami ou à Los Angeles, pas chez nous. Ces pauvres W.A.S.P. auront du mal à arrêter l'invasion. De nombreux fermiers qui possédaient des champs de pommes de terre (spécialité de la région) ont, après avoir résisté pendant longtemps, vendu leurs
45 terres, souvent à prix d'or. Les maisons construites par les nouveaux arrivants ne correspondent pas toujours au style local, qui a surtout besoin qu'on le laisse en paix et

qu'on respecte ses toits et ses murs, sortes de tuiles plates en bois gris qui donnent à l'ensemble des maisons de la région une belle homogénéité et un charme certain. On voit maintenant se dresser en plein champ des sortes de cubes modernes en verre et en métal
50 ou bien des petits manoirs Tudor rectifiés andalou, quand ce n'est pas une villa néo-toscane modifiée gothique. Heureusement, ces verrues sont en toute petite minorité et la maison de pays domine, grâce à des résidents vigilants et des édits municipaux draconiens.

Certains de ces édits empêchent aussi quelques désastres au cœur même des villages, dont la plupart sont remarquablement préservés. Interdit donc, presque partout, le patin à
55 roulettes, les torses nus, les enseignes au néon, les fast food, les distributeurs de boissons, les barbecues sur la plage, les commerces ambulants ...

Il ne faut pas trop s'étonner de voir débarquer des curieux du côté d'East Hampton, après qu'ils auront lu dans les chroniques de leurs magazines favoris qu'ils peuvent y croiser Kathleen Turner, Alec Baldwin et Kim Basinger, Calvin Klein, Lauren Bacall et Steven
60 Spielberg. En conséquence, pas étonnant non plus que les résidents s'inquiètent de ces curieux qui n'achètent rien, demandent une carafe d'eau dans les restaurants et repartent au volant de leur voiture de série, après avoir encombré les trottoirs de leurs chers villages, et tenté de reconnaître les stars démaquillées qui se cachent derrière des lunettes noires. Dire que les plages sont préservées est un euphémisme. Pas de restaurant, pas de vendeur
65 de glace ou de beignets, pas de concessions de matelas et de parasols. Les municipalités ont multiplié les interdictions pour en rendre l'accès difficile. Tout cela est parfaitement surveillé par une police omniprésente et ferme.

COMPREHENSION QUESTIONS

Marks

1. *(a)* In what way have the sorts of visitors to East Hampton changed over the years?   2 points

   (b) Mention four types of people you are likely to meet there.   4 points

2. How have the inhabitants changed over the last few centuries?   3 points

3. *(a)* How have potato farmers benefited from the arrival of the "nouveaux riches"?   1 point

   (b) Why are these new settlers not welcomed by the local residents?   2 points

4. What restrictions have been imposed in the villages to preserve their charm and character?   3 points

5. What attraction does East Hampton hold for many day-trippers and why are they particularly unwelcome?   3 points

    18 points

    = 30 marks

6. Traduisez en anglais: «l'ancien domaine ... obéir à sa femme» (lignes 36-40)   15 marks

TOTAL: 45 marks

Lisez attentivement le texte puis répondez aux questions.

11. Le dimanche des enfants

Il existe deux sortes de dimanches: ceux où l'on vit plus fort et ceux où l'on s'ennuie, et il existe deux tribus d'enfants: ceux qui piaffent d'impatience le vendredi soir, et ceux qui attendent déjà le lundi ...

Élève en classe de seconde, Elodie vient d'avoir 15 ans. Il y a deux sortes de dimanches, dit Elodie: ceux qui sont «banals et ternes parce qu'on se repose», et ceux qu'elle consacre à sa passion: le théâtre. Depuis l'âge de 7 ans, Elodie joue dans une troupe amateur. Pour elle, dimanche égale répétitions et ... représentations. «C'est le seul jour de la semaine où tout le monde est disponible en même temps. C'est un plaisir incomparable d'être sur scène et de sentir, derrière le rideau de lumière, le trou noir de la salle et le public qui vous regarde.» Le public évidemment est conquis d'avance: ce sont les parents, la famille, et les copains.

Nez en trompette et frange rebelle, Olivia, 11 ans, repousse ses longs cheveux en arrière d'un geste étudié, pour se donner des airs de grande. «Les dimanches, c'est la forêt, c'est s'échapper de Nice, c'est la liberté, c'est du temps pas compté», énumère-t-elle. Sa famille se partage une vieille et grande maison de village en montagne. «C'est comme des vacances, en bien trop court. Les parents oublient d'être sur notre dos pour nous dire: "C'est l'heure, fais tes devoirs, dépêche-toi."» Quelques "instantanés", de ceux qu'elle racontera à sa copine pendant le cours de français? «Les longues parties de *Monopoly* avec papa, les lits glacés, les parquets qui craquent, les barrages dans les torrents, les châtaignes que l'on cherche à quatre pattes sous les feuilles en automne, les confitures de mamie.» Et aussi «les petits matins glacés d'hiver où l'on part, encore mal réveillé, les skis sur le dos. Et puis les rentrées tardives à la maison, et maman qui dit, en défaisant les paquets: "Nous sommes encore rentrés trop tard. Mangez vite, il est temps d'aller au lit."»

Chez les Dortal, le dimanche est un jour de retrouvailles avec le papa qui travaille toute la semaine à 250 km de la maison, mais aussi avec le cheval et le poney en pension près de la maison familiale. «Même si le dimanche commence sous la pluie, on sait bien qu'il y aura un coin de ciel bleu dans la journée. Alors, on galope sur la plage, de préférence quand il y a du vent, c'est plus drôle», raconte Brice, 9 ans.

Pas de galops sur la plage ni de grande maison de famille pour les petits habitants de ces banlieues et cités qui flambent périodiquement. Élève de sixième à Vénissieux, dans le tristement célèbre quartier de Lyon, Ludovic, 12 ans, tape dans le ballon au pied de son HLM. «Le dimanche, on fait ce qu'on veut.» Une liberté toute relative, pour ce gamin d'origine réunionnaise ... La journée s'illumine pourtant quand il y a assez de copains pour organiser un match de football. Le dimanche apporte même parfois un peu de verdure, quand ses parents se rendent dans un jardin ouvrier qu'ils louent à l'année à la mairie. Ludovic les accompagne mais les regarde travailler plus qu'il ne les aide: «J'aime bien arroser, mais arracher les carottes, ça non!»

Et puis il y a les enfants qui s'ennuient parce que leurs parents travaillent, comme Obé, dont le papa est chauffeur de taxi, ou comme Csaba, qui regarde le sport à la télé pendant que sa maman dirige un théâtre. «Moi, mes parents veulent dormir, et je n'ai pas le droit de faire du bruit ou d'inviter des copines», regrette Nina. Alors, tout compte fait, ces enfants-là préfèrent encore l'école au dimanche et attendent le lundi avec impatience. Comme Mathieu, 13 ans, au collège Joffre de Montpellier: «Un dimanche sur quatre, je passe l'après-midi devant la télé. Pour tuer le temps, je zappe à la recherche d'un bon film.»

45 Sur le câble, il y a une chaîne qui s'appelle Ciné-Cinémas. <u>C'est celle que je regarde le plus souvent, mais il faut que le film soit bon, c'est-à-dire que ce soit un film d'action, sinon, je regarde des cassettes: *Alien, Terminator*. Par contre, je n'aime pas Sylvester Stallone; je trouve que ce n'est pas un bon acteur. Je n'aime pas sa tête et il se prend trop au sérieux.</u>»

Pour les enfants du divorce, comme Marie, 13 ans, élève dans un collège dans le Rhône,
50 l'année est rythmée par les dimanches avec papa, et ceux avec maman. Ses parents sont séparés depuis à peine un an. Bien sûr, Marie en a été perturbée, mais elle trouve au moins un intérêt à cette nouvelle situation. Ses week-ends ne sont plus, comme naguère, synonymes d'ennui. Il y a encore quelques mois, il lui fallait aller chaque dimanche ou presque chez la grand-mère paternelle où elle s'engourdissait toute la journée devant la
55 télé, pendant que ses parents jouaient aux cartes. «Maintenant, je fais deux fois plus de choses qu'avant. Le dimanche avec maman, on va au cinéma, et l'hiver, on fait du ski avec une association. Quand c'est le tour de papa, je l'accompagne à son club d'aviation au bord de la Saône, ou alors on marche ensemble dans les Alpes.» Des complicités renforcées grâce aux dimanches alternés.

60 Écoutons une "grande", Brigitte Hemmerlin, mère célibataire. «Marre des piscines bondées, des forêts embouteillées, et même du zoo. On connaît par cœur tous les singes, hippos et même pandas pour les avoir fréquentés depuis trois ans, un dimanche sur deux. Quant aux parcs d'attractions, on les évite désormais pour cause d'overdose de barbe à papa.» Comme dirait ce père qui fait une allergie à Mickey: «Le dimanche, Euro Disney
65 devrait être gratuit pour les parents, parce que si vous croyez que ça m'amuse, la queue devant les guichets, la bousculade pour voir la grande parade et les crises d'hystérie de ma fille qui veut un énième tour de petit train ... Après tout, j'ai aussi le droit de m'amuser le dimanche!»

COMPREHENSION QUESTIONS

Marks

1. *(a)* How do children respond differently to the weekend? 2 points

   (b) What two kinds of Sunday does Elodie experience? 2 points

2. Mention three things Olivia particularly enjoys about her weekend. 3 points

3. Compare and contrast Brice's and Ludovic's Sunday. 4 points

4. *(a)* Why do children like Obé, Csaba and Nina prefer Mondays? 3 points

   (b) Since the separation of her parents, Marie's weekends have become more enjoyable. Why is this? 3 points

5. Why does the father interviewed not enjoy Euro Disney on a Sunday? 3 points

20 points

= 30 marks

6. Traduisez en anglais: «C'est celle que je regarde ... trop au sérieux.» (lignes 45-48) 15 marks

TOTAL: 45 marks

Lisez attentivement le texte puis répondez aux questions.

12. Le fils inconsolable

Monsieur Dupont, la cinquantaine distinguée, débarque un beau matin de juillet à la réception d'un grand hôtel de la côte d'Opale. Bagages griffés et <u>blazer en cachemire bleu marine</u>, monsieur Dupont, de nationalité suisse, avoue être venu ici pour se remettre du choc du décès récent de sa chère maman. Il choisit donc de s'installer dans une des plus belles chambres de l'hôtel, avec vue sur la mer. Son médecin lui a conseillé une "convalescence" de trois ou quatre semaines au moins. Rapidement, tout l'hôtel se prend de compassion pour "ce pauvre monsieur, si courtois et si cultivé, toujours prêt à rendre service".

«En quelques jours, il était devenu la mascotte de la clientèle et du personnel réunis!», se souvient-on à la direction de l'établissement. Et il faisait preuve d'une telle culture ... Pas un peintre dont il ne connaisse l'œuvre, une citation dont il ne trouve l'auteur ...

Très vite, on s'arrache sa présence. Les femmes seules, le soir, l'invitent à souper à leur table. Il leur parle de la Suisse, du château où il vit, des hôtels qu'il possède, et puis toujours de sa pauvre maman, si vite disparue, <u>la seule femme qu'il ait jamais aimée</u>.

Si seulement elles pouvaient avoir un fils comme celui-ci, soupirent toutes ces dames qu'il ne finit pas de combler d'attentions. «Il ne savait vraiment qu'inventer pour nous faire plaisir, se souvient avec une pointe de nostalgie une de ses victimes; sa générosité était sans limites. Cela dit, il ne nous invitait jamais ailleurs qu'à l'hôtel.»

Les semaines passant, le voici qui s'enhardit. «Un soir que nous projetions pour le lendemain une escapade en Belgique, raconte une cliente, il nous a fait part de son regret de ne pouvoir se joindre à nous. Il attendait un mandat de Suisse qui, par malchance, n'était pas arrivé. Nous n'allions pas gâcher un week-end pour si peu! Aussitôt, mon amie et moi lui proposons de lui avancer l'argent de la voiture de location, des restaurants et de l'hôtel à Bruges. Bien sûr, <u>il ne voulait pas en entendre parler</u>. Devant notre insistance, <u>il a fini par céder</u>, et nous avons passé tous les trois un séjour de rêve. Comme d'habitude, <u>il connaissait tout</u>: les meilleures tables de la ville, les musées, les quartiers les plus typiques ... Mon amie et moi, tranquillement, sortions sans cesse notre carte de crédit, en nous confondant en remerciements pour tout ce qu'il nous faisait découvrir»

Pourtant, le lendemain, <u>notre homme a l'air soucieux</u>. Ses affaires l'appellent, il lui faut songer à regagner la Suisse. <u>Il n'a pas vu le temps passer</u> ...

Après une ultime tournée au bar de l'hôtel, à laquelle il convie à peu près toute la clientèle, ce fils inconsolable <u>monte se coucher</u>, non sans avoir fixé pour le lendemain matin, dix heures, un dernier rendez-vous à qui veut le suivre pour une randonnée en forêt.

A dix heures, le lendemain, il n'est pas au rendez-vous. Ses amis, inquiets, envoient un groom frapper à la porte de sa chambre. N'obtenant pas de réponse, il ouvre la porte. La chambre est vide, désespérément vide. Notre homme s'est volatilisé, ne laissant en souvenir que sa valise et deux vestes. Ses papiers étaient faux, et <u>on n'a jamais retrouvé trace de lui nulle part</u>. Un employé se souvient seulement l'avoir vu sortir vers six heures du matin, en short et sac à dos, une serviette de bain sous le bras, comme pour <u>une trempette matinale</u>. Son ardoise s'élevait à plus de cent vingt mille francs ... sans compter "l'emprunt" pour son séjour belge.

COMPREHENSION QUESTIONS

Marks

1. *(a)* On his arrival at the hotel, what impression do you think M. Dupont makes? — 4 points

   (b) How does he show off his intelligence? — 2 points

   (c) How do you think his attitude towards his mother's death affects the other guests? — 2 points

2. *(a)* In what way does he exploit his first victims? — 3 points

   (b) How does he impress his companions on their excursion? — 3 points

3. How did M. Dupont manage to leave the hotel without arousing anyone's suspicions? — 3 points

17 points

= 30 marks

TRANSLATION EXERCISE

The following French phrases are all taken from the text: three possible ways of translating them are given. Choose the best version for this text. Write only the number and the letter, e.g. 1(c), 2(a), etc.

1. blazer en cachemire bleu marine (lines 2-3)
   (a) blue cashmere blazer
   (b) blue woollen blazer
   (c) navy blue cashmere blazer

2. la seule femme qu'il ait jamais aimée (line 13)
   (a) the only wife he ever loved
   (b) the only woman he ever loved
   (c) the only woman he never loved

3. il ne voulait pas en entendre parler (line 23)
   (a) he wouldn't hear of it
   (b) he did not want us to talk about it
   (c) he did not wish to talk about it

4. il a fini par céder (line 24)
   (a) he finished by yielding
   (b) he ended up giving in
   (c) he ended up giving way

5. il connaissait tout (lines 24-25)
   - (a) he knew everyone
   - (b) he knew everything
   - (c) he enjoyed everything

6. notre homme a l'air soucieux (line 28)
   - (a) our man seems suspicious
   - (b) our man has social graces
   - (c) our man appears worried

7. Il n'a pas vu le temps passer (line 29)
   - (a) He did not notice the weather changing
   - (b) He did not see the change in weather
   - (c) He did not notice the time passing

8. monte se coucher (line 31)
   - (a) goes up to bed
   - (b) goes to bed
   - (c) climbs into bed

9. on n'a jamais retrouvé trace de lui nulle part (lines 36-37)
   - (a) no trace was ever found of him anywhere
   - (b) no fingerprints were ever found anywhere
   - (c) his tracks were never found anywhere

10. une trempette matinale (line 38)
    - (a) a morning dip
    - (b) a morning soak
    - (c) a morning downpour

15 marks

TOTAL: 45 marks

Lisez attentivement le texte puis répondez aux questions.

13. Les Français vus par les autres

«Vous voulez vraiment savoir ce que nous, Américains, on pense de vous?» Le type a éclaté de rire. Ça commençait bien. «C'est tout à fait français, ça! Comme si le monde entier passait son temps à avoir une opinion sur vous. Le centre du monde, hein?»

Cet Américain s'appelle Tim. Il a une nature enthousiaste, des cartes de visite plein les
5 poches et des opinions à la pelle sur les Français. «D'abord, tout est petit chez vous; les voitures, les lits ... Ah, vos lits: des mouchoirs! Et les ascenseurs, des placards à balais! Quant aux glaçons, n'en parlons pas ...»

Tim a croqué de ses belles dents blanches («Vous avez des dentistes dans votre pays? Bon Dieu, ça ne se voit pas!») dans le hot dog juteux du Harry's New York Bar où il est venu se
10 réfugier après son épuisant parcours parisien: Montmartre, la tour Eiffel, les Champs ...

«Ouais, pas mal l'architecture, mais avec tous vos graffitis partout, on se croirait à Manhattan.» Généreuse claque dans le dos. «Les bidets, ce n'est pas mal, mais franchement, pourquoi vous n'essayez pas de vous laver l'ensemble du corps? Mais malgré tout, la France, j'aime beaucoup!»

15 L'Anglais Théodore Zeldin, auteur d'une célèbre étude sociologique sur nos comportements, nous avait mis en garde: «Les étrangers adorent la France en tant que pays, mais pas les Français en tant que peuple. Les Anglais visitent la France plus que tout autre pays étranger, mais 2% seulement d'entre eux disent qu'ils admirent les Français», écrit-il.

20 C'est aussi le cas des touristes japonais. A la sortie d'une brasserie parisienne du côté de Notre-Dame, ils sont un petit groupe à s'éponger le front. «Non, non, tout va très bien!» disent-ils en chœur. Au contraire de notre ami américain, il faut insister: alors, ces WC parisiens? La lumière qui s'éteint à cause de la minuterie? Et le bain de pieds après avoir tiré la chasse de WC à la turque?

25 Hiroshi explique que sa femme est intimidée; «Ce n'est pas à cause de vous, mais ... chez nous, un homme ne se permettrait même pas de regarder une femme dans les yeux. Le regard pénètre l'âme ... Alors, toute la journée, ces hommes qui la dévisagent dans la rue!»

Yoko, qui fait ses études aux États-Unis et que les hommes n'effraient pas, est, quant à elle, exaspérée par les vendeuses. «Ici, nous avons toujours l'impression d'être des intrus.
30 Les Français sont désagréables. Ils sont de mauvaise humeur, de mauvaise foi, et impatients. Ils vous coupent sans arrêt la parole et ne se gênent pas pour bavarder avec leur collègue quand vous avez besoin d'un service. Et puis regardez, la tour Eiffel que j'ai achetée, vous savez d'où elle vient? De Taiwan! Ça valait bien la peine!»

Ils existent, ceux qui nous aiment. Nakano Shigeru, professeur d'histoire à Tokyo: «J'aime
35 la France. Que dire d'autre? Je suis amoureux de ce pays. Vous êtes tellement vivants! Les graffitis dans le métro, mais c'est de l'art! Votre cuisine est d'une intelligence! Et les gens sont si généreux! Ils aident les pauvres! Ils n'ont pas honte de donner une petite pièce.»

Françoise, une québécoise, nous l'avons rencontrée à la sortie d'une salle de repos publique à Saint-Malo, où elle est en visite avec Jean, son mari, et leurs deux enfants. Elle déplore le franglais dans tous nos lieux communs. Elle se refuse à planter leur tente au "camping" (place de campage), à porter leurs vêtements au "pressing" (nettoyeur), et l'idée de faire du "shopping" (magaziner) leur donne "les bleus" (le blues).

A l'inverse, il y a ceux qui ne comprennent pas notre attachement à nos particularismes régionaux. «Le boulanger du camping m'a dit qu'il se considérait d'abord comme un Basque, puis comme un être humain, et seulement à la fin comme un Français. Si vous avez aussi peu d'estime pour votre propre pays, comment voulez-vous que nous en ayons pour vous?» s'étonne Jeff, un surfer américain.

Jack Kerouac s'en était rendu compte dès 1966: sur la route, le Français est dangereux. «Au volant, il est absolument persuadé que personne n'a le droit de vivre ou d'aller voir sa maîtresse aussi vite que lui», écrit-il. Question de sensibilité culturelle sans doute. Les Italiens, par exemple, ne nous reprochent pas nos manières sur la route. Les Suédois, si. Ingmar, qui a chevauché sa Honda Transalp pendant une trentaine d'heures avant d'arriver à Saint-Tropez, ne s'en est pas encore remis:

— La folie, vos autoroutes! Queues de poisson, coups de Klaxon, aucune règle n'est respectée. A moto, c'est aussi dangereux que le Paris-Dakar!

— Vous exagérez ... L'été, sur nos routes, il n'y a que des étrangers.

— Vous êtes de mauvaise foi. Voilà une autre de vos caractéristiques.

COMPREHENSION QUESTIONS

Marks

1. (a) According to Tim, how do Americans view the French? — 1 point
   (b) Although Tim likes France very much, what are his reservations? — 3 points

2. (a) Which two interesting facts does Théodore Zeldin bring to light? — 4 points
   (b) When pushed to comment, what do the Japanese tourists think of French toilets? — 2 points

3. (a) What are Nakano Shigeru's views on France and the French? — 4 points
   (b) What do certain foreigners think of French drivers? — 3 points

17 points

= 30 marks

4. Traduisez en anglais: «Ici, nous avons toujours l'impression ... besoin d'un service.» (lignes 29-32)

15 marks

TOTAL: 45 marks

Lisez attentivement le texte puis répondez aux questions.

14. Mangez-vous "bio"?

Ils ne sont plus réservés aux soixante-huitards attardés ou aux végétariens sur le retour: 83% des Français en connaissent l'existence, et un sur cinq en consomme plusieurs fois par semaine. Depuis qu'ils sont sortis du ghetto des échoppes diététiques, les produits bio ne cessent de faire des adeptes. Plus sains mais plus chers, ils gagnent des parts de marché et
5   font leurs premières gammes dans les grandes surfaces. Mais que faut-il voir dans cette "course à l'échalote" sans engrais et sans pesticides? Un phénomène de mode? Une régression alimentaire caractérisée ou une alimentation d'avenir?

Panier au bras, ils arpentent le boulevard Raspail en rangs serrés. C'est la grand-messe bio: les écolos du dimanche font leur marché. Le plus branché, et le plus cher de Paris. Le lait
10 de chèvre y côtoie les laitues de mer et les néo-babas cool y font la queue avec les intellectuels à la page. Ça fleure bon les années 70, le thym et le savon de Marseille, le tout réhaussé d'une pointe de snobisme.

Des tomates de plein champ aux stars du grand écran (on peut, entre autres, y croiser l'actrice Juliette Binoche), en passant par la fermière en tablier à carreaux: tout y est
15 certifié authentique.

Chaque dimanche matin, la France fait ainsi étalage de sa culture naturelle. A sept heures tapantes, entre la rue du Cherche-Midi et la rue de Rennes, jaillit du macadam ce marché "propre sur lui". Un marché comme on n'en fait plus, même à la campagne. Car, il faut bien en convenir, il n'y a que le citadin pour s'extasier devant une salade "à la limace" et
20 s'inquiéter de la teneur en nitrates d'une tomate. Partout des pancartes sont là pour le rassurer: "légumes exempts d'engrais chimiques et de pesticides", "fruits mûris sur l'arbre", "veaux n'ayant jamais été traités aux antibiotiques", "saucisson sans colorants" ... Ici on ne pratique pas la gonflette hormonale, on ne colore pas et on ne calibre pas non plus. Alors forcément, il ne faut pas s'attendre au vernis chimique des aliments standards. A leurs
25 prix non plus. Mais, vous diront les producteurs, en agriculture biologique on utilise des variétés rustiques. Elles résistent mieux aux maladies, mais forcément, elles ont moins de rendement. Alors, le naturel, ça se paye.

Ce naturel, il est authentifié par le logo "AB". Dès que ces deux lettres apparaissent, pas de doute, les méthodes de production ont été strictement contrôlées par le ministère de
30 l'Agriculture. C'est du garanti. Cela dit, les esprits chagrins ne manqueront pas de s'interroger: pas d'engrais, c'est bien, mais comment peut-on garder son petit lopin propret quand on est cerné par des champs qui, eux, sont infestés de résidus chimiques et autres pesticides qui se répandent forcément et traîtreusement dans la bonne terre? Eh oui, même s'il est estampillé bio, on ne peut jamais être sûr qu'un légume est totalement dépourvu de
35 nitrates. Jean-Michel Lecerf, médecin nutritionniste qui travaille au très respectable Institut Pasteur de Lille explique: «Quoi qu'il arrive, tous les végétaux contiennent des nitrates, pour la bonne raison qu'ils sont indispensables à leur croissance. Des légumes sans nitrates, cela n'existe pas.» Alors, qu'est-ce qui fait courir les biophages? Le goût, évidemment. Une tomate qui a eu le temps de mûrir au soleil du Midi n'a certes rien à voir
40 avec celle qui a poussé sous les lampes d'une serre en plein hiver. Et pour cause: les légumes, les fruits et les volailles bio contiennent moins d'eau que les autres (jusqu'à 50%

de moins). Plus concentrés, ils sont plus riches en saveur et ... en nutriments. «Les études que nous avons effectuées à l'institut Pasteur montrent que les produits bio ont une teneur plus élevée en vitamines et minéraux», explique Jean-Michel Lecerf.

45 En fait, manger bio, c'est surtout une philosophie de vie. On se nourrit au rythme des saisons. On traque le poulet qui, au lieu d'avoir survécu à coups d'antibiotiques au fond d'une cage de batterie, a gratté le sol à la recherche d'un vermisseau. On prend son café avec du sucre de canne roux ... Mieux: les habitués de la bio lavent leur linge avec de la lessive sans phosphates et se soignent aux médecines douces. Les puristes optent pour des
50 cosmétiques non testés sur les animaux et roulent à vélo. Façon de dire: la nature me fait du bien, donc je la respecte. Un principe qui peut coûter cher, mais pas forcément. D'accord, si l'on fait les comptes par le menu: pour une laitue bio, on en a trois qui ne le sont pas. En revanche, l'addition finale n'est pas si salée: les bios privilégient généralement les céréales et les œufs au détriment de la viande rouge et préfèrent la cuisine maison aux plats tout
55 préparés. On en arrive donc à un équilibre budgétaire. Et la santé n'est pas en reste. <u>Les mangeurs de bio consultent quatre fois moins leur médecin que les autres. Est-ce suffisant pour dire qu'ils se portent mieux que les autres? Rien de scientifique ne le prouve. Mais on sait que les vitamines du groupe B se trouvent surtout dans les céréales complètes, et la vitamine C dans les fruits et les légumes frais.</u> De même, une alimentation riche en
60 crudités, en fibres, en céréales, en poisson et pauvre en graisses saturées permettrait de prévenir certains cancers et d'éviter les maladies cardio-vasculaires.

Rien d'étonnant donc à ce que les adeptes de la carotte de Créances, de la lentille verte du Puy et de la salicorne de l'île de Ré prétendent être en pleine forme. Inutile pour autant de se convertir au végétarisme. Il s'agit simplement de manger plus sain aussi souvent que
65 possible et de remettre au goût du jour cette bonne vieille recette hippocratique: faire de son alimentation sa meilleure médecine.

COMPREHENSION QUESTIONS

Marks

1. *(a)* What are we told about the consumption of organic food in France?   3 points

   (b) What types of people are you likely to find along the boulevard Raspail on a Sunday?   3 points

   (c) What is so special about the food which is on sale each Sunday morning?   4 points

2. *(a)* According to the author, why do people buy organic food?   3 points

   (b) What can consumers do to protect animals and the environment?   3 points

      16 points

   = 30 marks

3. Traduisez en anglais: «Les mangeurs de bio ... les légumes frais.» (lignes 55-59)

   15 marks

TOTAL: 45 marks

Lisez attentivement le texte puis répondez aux questions.

15. Mon déjeuner avec Albert

J'arrive au restaurant en ricanant. C'est couru, l'aile féminine de la clientèle va s'étouffer de jalousie: je vais passer deux heures en tête à tête avec l'un des plus beaux hommes du monde, le top model Albert Delègue.

Albert est là. T-shirt blanc, chemise noire et jean. Si on m'avait prévenue plus tôt, je serais
5 partie quinze jours en thalasso ... La serveuse lui tend une carte en battant des lentilles ... et m'en balance une.

Cheveux courts, regard turquoise, barbe de deux jours ... il se passe la main sur la joue. J'essaie de rester calme, je sors le magnétophone, et je lui demande pourquoi il chante maintenant.

10 «J'ai trouvé l'idée marrante. Je n'avais jamais chanté depuis la chorale quand j'étais gamin. Sauf sous la douche.» Sous la douche!!! Mon pouls fait dans la techno, je me ressers un verre d'eau. «Je ne regrette pas d'avoir tenté l'expérience. On verra bien ce que ça donne. Ça ouvre de nouveaux horizons pour moi. Il ne fait pas un peu chaud, là?» Pardon? «Tu crois que je peux enlever ma chemise?» Inutile de préciser que, personnellement, je n'y
15 vois aucun inconvénient. Je m'accroche à mon siège et Albert se retrouve en débardeur côtelé, le biceps hâlé. La serveuse a viré cramoisie. Les deux représentantes du sexe féminin sont momifiées, à l'autre bout du restaurant. Quant aux hommes, je les sens franchement aigris.

«Comme les portes s'ouvrent, que je suis à moitié portugais et que j'adore la musique
20 brésilienne, j'aimerais enregistrer un disque sur des rythmes brésiliens.» Il se passe la main dans les cheveux. J'attaque sur le CV pour reprendre mes esprits. On sait qu'il était moniteur de ski dans les Pyrénées, et se laisser enseigner la flexion-extension par ce garçon a dû en convertir plus d'une aux sports d'hiver. «Elle me disaient toutes que je ressemblais à Tom Cruise.» Les dindes! Il est beaucoup mieux! «Mes copains me suggéraient de venir à
25 Paris pour faire des photos, mais je voulais monter une boîte au Portugal. Je me suis quand même décidé à faire une tentative. J'ai débarqué dans une agence un vendredi soir, le samedi j'ai fait des tests photos et j'ai été engagé pour un film de pub le lundi.» C'était il y a quelques années, et depuis, Albert n'a pas arrêté. «J'ai eu de la chance. Les gens étaient contents de voir un Français, j'avais une espèce de nonchalance qui plaisait, et puis une
30 photogénie "exceptionelle" comme ils disent à l'agence.» Tu parles!

«Je me souviens qu'en seconde, la prof d'anglais avait demandé si on pensait que la beauté pouvait aider dans la vie. Et moi, comme un fou, j'avais levé la main et dit: "Non, je ne pense pas, l'important, c'est ce qu'il y a dans la tête." La prof m'avait dit: "Albert, de quoi tu causes, là? Tu as vu la tronche que tu as?"» La serveuse est quasiment couchée sur le
35 comptoir. Ça ne t'ennuie pas que toutes les femmes te dévorent des yeux, chouchou? «Non, il faut juste savoir garder les pieds sur terre.»

Il a allumé une cigarette et j'ai eu l'impression que c'était du noir et blanc, tourné au ralenti et qu'on était dans *Un tramway nommé désir*. Il y a eu un bruit lourd: la serveuse venait

40 de tomber dans le coma. Les deux autres, entre-temps, s'étaient fait hara-kiri. Pour sortir, j'ai dû enjamber les cadavres mais Albert, lui, n'a rien vu. (Peut-être qu'il s'y est habitué?) Il fallait que je fonce au bureau prendre mes calmants, et lui devait filer à l'aéroport.

45 Une fois dans la rue il a essayé de m'attraper un taxi, provoquant un petit flottement (45 voitures empilées les unes sur les autres suite au coup de frein brutal d'une rousse qui avait cru avoir une hallucination.) Et puis il m'a enlacée et m'a demandé si je voulais l'épouser. En vrai, il m'a juste collé deux bises. Mais en posant sa main sur mon épaule. D'ailleurs, je mets ma veste en vente, si ça vous intéresse, écrivez au journal …

COMPREHENSION QUESTIONS

Marks

1. *(a)* How is the author feeling at the prospect of having lunch with Albert? 1 point

   (b) In what way does the waitress behave differently towards Albert than she does towards the author? 2 points

2. Once they are ready to begin the interview, how do you know that the author is very much attracted to Albert? 4 points

3. How do you know that Albert's career as a model was set in motion very quickly? 3 points

4. *(a)* Towards the end of the interview the author drifts into a dream world. What evidence is there of this? 3 points

   (b) Compare the reality of their parting on the street with the author's fantasy. 3 points

   16 points

   = 30 marks

TRANSLATION EXERCISE

The following French phrases are all taken from the text: three possible ways of translating them are given. Choose the best version for this text. Write only the number and the letter, e.g. 1(c), 2(a), etc.

1. J'arrive au restaurant en ricanant (line 1)
   (a) I arrive at the restaurant in a hurry
   (b) I arrive at the restaurant sniggering
   (c) I arrive at the restaurant harassed

2. Si on m'avait prévenue plus tôt (line 4)
   (a) If I had been prevented earlier
   (b) If I had been told earlier
   (c) If I had come earlier

3. à l'autre bout du restaurant (line 17)

   (a) at the other side of the restaurant
   (b) at the other end of the restaurant
   (c) at the far side of the restaurant

4. Il est beaucoup mieux (line 24)

   (a) He is much nicer
   (b) He is a lot healthier
   (c) He is a much better person

5. monter une boîte (line 25)

   (a) to go to a nightclub
   (b) to set up a nightclub
   (c) to set up a firm

6. de quoi tu causes, là? (lines 33-34)

   (a) what are you up to there?
   (b) what are you talking about?
   (c) who are you talking about?

7. Ça ne t'ennuie pas …? (line 35)

   (a) Doesn't it bother you …?
   (b) Aren't you bored …?
   (c) Doesn't it annoy you …?

8. j'ai dû enjamber les cadavres (line 40)

   (a) I had to leap over the dead bodies
   (b) I had to climb over the corpses
   (c) I had to step over the dead bodies

9. il s'y est habitué (lines 40-41)

   (a) he is used to it
   (b) he used to live there
   (c) he has got used to it

10. je mets ma veste en vente (lines 46-47)

    (a) I am putting my jacket up for sale
    (b) I am selling my vest
    (c) I am putting my jacket up for auction

15 marks

TOTAL: 45 marks

Lisez attentivement le texte et puis répondez aux questions.

16. Mon père ne veut pas me laisser vivre ma vie

Le carnet de notes d'Olivia pourrait faire des envieuses: 18 de moyenne en maths, 15 en physique, 17 en histoire. Depuis la sixième, son père exige qu'elle se maintienne en tête de la classe. «Il veut absolument que je réussisse dans la vie, dit-elle. Lui, rêve que je sois avocate ou haut-fonctionnaire et moi, je veux faire du théâtre!»

5 Cours du soir, devoirs de vacances, Bernard Morel fait tout pour que sa fille unique soit la meilleure. Cette année, c'est le bac. Sans la pression permanente que lui impose son père, Olivia passerait l'épreuve sans problème.

«Il a tellement peur que je n'obtienne pas au moins la mention "bien" qu'il me stresse dès que je rentre du lycée. Il m'a même fait faire de la gym en dehors des cours pour que je
10 gagne des points sur l'épreuve d'athlétisme! J'ai l'impression qu'il n'a plus confiance en moi. Pourtant, je suis assez grande pour faire mes devoirs toute seule ... Quand j'étais petite, je trouvais ça bien d'être encouragée dans mon travail. J'étais fière d'avoir toujours les meilleures notes. Maintenant, ça me pèse énormément. Je sais que je peux réussir si je veux, et je n'ai rien à prouver de ce côté là.»

15 La tension s'est accentuée le jour où, à 15 ans, Olivia a fait un stage de théâtre. Elle éprouve de la fascination pour la scène. «Pour moi, c'était une révélation. Je me suis sentie revivre. Je n'ai pas osé dire tout de suite à mon père que je voulais en faire mon métier. J'ai d'abord lutté pour qu'il accepte que je m'inscrive aux cours de théâtre du lycée. Au début, il ne m'a pas du tout prise au sérieux. Il a dû penser que ça me passerait. Et comme ma
20 passion n'a fait que s'accentuer, ça a commencé à l'inquiéter! Tous les mardis soirs, après le cours, il ne peut pas s'empêcher de me faire la tête. C'est un vrai gamin! Je m'en fiche, jamais je n'abandonnerai mon idée de devenir actrice. Je ferai tout pour obtenir une mention au bac et lui faire plaisir; comme j'ai été habituée à travailler, ce sera facile, mais je n'accepterai pas de m'inscrire en fac de droit! Quelle horreur!»

25 Bernard Morel n'accepte pas non plus que sa fille sorte avec n'importe qui. «Je les préviens avant! dit Olivia. Mon père juge mes copains en cinq minutes, sans prendre le temps de les connaître. Ils ont intérêt à venir à la maison avec un jean propre et une chemise repassée, dire "bonjour monsieur" et se présenter au téléphone! En plus, mon père s'est arrangé pour m'inscrire dans un maximum de clubs sportifs. Comme ça, il sait où je me trouve et il peut
30 surveiller toutes mes fréquentations.» D'ailleurs, Olivia est aussi douée une raquette à la main que devant une dissertation de latin! Pour son père, tout est matière à compétition. La détente, il ne connaît pas. Alors s'entraîner sur les courts de tennis sans aucun répit, pour prouver, encore et encore, qu'on est la meilleure, Olivia s'en moque. Elle préfère de loin sortir et rire avec sa bande de copains.

35 Sa mère l'a bien compris, d'ailleurs. C'est elle qui trouve les meilleurs alibis pour que sa fille puisse s'amuser de temps en temps, sans créer de drame à son retour. «La semaine dernière, elle a raconté à mon père que j'étais en train de bosser mes maths avec une copine alors que j'étais allée voir une pièce. On est toujours obligées de lui mentir, et c'est regrettable! J'ai déjà essayé de lui parler, mais il reste éternellement coincé dans ses
40 certitudes!»

Mais lorsque, l'été dernier, son père décide de l'inscrire contre son gré pour un stage d'un

52

mois en Angleterre, elle se rebiffe. «J'avais prévu de passer les vacances chez l'oncle d'une copine dans le Midi. Ça n'a pas plu à papa parce qu'il ne connaissait pas ce type. En plus, il est célibataire et au chômage! J'aurais dû me taire. Quand il m'a annoncé que je devrais partir à Liverpool pour soi-disant améliorer mon anglais, c'était la haine! Je suis partie en claquant la porte, chez ma copine. Le lendemain, on a pris le train ensemble pour Marseille et on est restées tout le week-end chez son oncle. C'était génial! Et je n'ai donné aucune nouvelle.»

Cette aventure met un peu de distance entre le père et la fille. <u>Il ne la croyait pas capable de s'opposer à sa volonté. «Je lui ai dit que s'il me forçait à aller en Angleterre, je fuguerais. Il m'a prise au sérieux et je ne suis pas partie. On est allés en Bretagne et il ne m'a pas embêtée pendant un mois!»</u>

Au retour des vacances, l'autorité paternelle ressurgit. «J'ai appris à prendre les choses avec humour. Grâce à ma mère, je peux ruser pour sortir. Le plus dur sera de lui faire accepter l'idée que je veux m'inscrire dans une école de théâtre. Il ne sait pas que j'ai réussi le concours d'entrée. Pour moi, c'est plus important que le bac. Je suis vraiment prête à tout, même à travailler dans un fast-food après les cours. Ce sera la vie d'artiste!»

COMPREHENSION QUESTIONS

Marks

1. *(a)* How do you know that Olivia is a very intelligent girl?   2 points

   (b) To what extent do Olivia's professional aspirations differ from her father's dreams for her?   2 points

   (c) How has M. Morel reacted to Olivia's interest in the theatre?   3 points

2. *(a)* As far as Olivia's friends are concerned, how does M. Morel interfere?   3 points

   (b) What are M. Morel's ulterior motives in enrolling his daughter in sports clubs?   2 points

   (c) How does Mme Morel affect the situation at home?   3 points

3. What shows Olivia's determination to succeed in her chosen career?   2 points

   17 points

   = 30 marks

4. Traduisez en anglais: «Il ne la croyait pas capable ... pendant un mois!» (lignes 49-52)

   15 marks

TOTAL: 45 marks

Lisez attentivement le texte puis répondez aux questions.

17. Pavarotti-superstar

Du jamais vu. Puccini, Schubert, et Verdi pour saluer les vainqueurs d'une grande fête sportive. La rencontre de la musique la plus élitiste avec le public le plus populaire, celui des matchs de football.

Sans mettre en cause le talent de Domingo et de Carreras, on peut penser que ce concert
5 n'aurait pas eu lieu sans la présence prestigieuse de Pavarotti. On aurait plutôt fait appel à une star de la chanson, à un groupe style Rolling Stones. Mais ces mêmes Rolling Stones, en 1991, ont "fait" moins d'entrées à leur concert que Pavarotti pour l'un de ses récitals.

On a pu le voir, l'autre soir: le ténor le plus célèbre du monde se porte bien. Trop bien? Même s'il a perdu ces derniers temps un certain nombre de kilos, il a encore une belle
10 réserve. "Sa Rondeur", comme l'appellent un peu cavalièrement quelques facétieux, pesait 140 kilos en 1992. Des bruits inquiétants couraient: «Pavarotti ne peut pas faire cinq mètres sans être essoufflé ... Il lui faut un fauteuil roulant pour se déplacer ...» Si la voix, en soi, ne semblait pas menacée, le souffle commençait à lui poser de sérieux problèmes.

Aujourd'hui c'est un Pavarotti allégé qui redécouvre les joies de la bicyclette — activité
15 impensable il y a seulement deux ans. On n'oublie pas qu'un tabouret de bois du décor de *La Bohème*, au Palais-Garnier, s'est un jour effondré sous le lyrique postérieur, et les accessoires "de support" des opéras dans lesquels se produit le maestro sont désormais en métal.

«Mon poids fait partie de ma personnalité, et grâce à cela on ne peut pas me confondre
20 avec un autre!» dit-il, plaisamment. «J'ai d'ailleurs commencé à grossir avec le succès. Ma vraie discipline, c'est une vie réglée: huit heures de sommeil par nuit, plus deux heures de sieste l'après-midi, un plat quotidien de spaghettis au basilic, quelques verres de lambrusco. Et surtout, interdiction de sortir par mauvais temps! Mais j'aime respirer l'air frais: j'en mangerais ...»

25 Un régime qui lui permet d'assurer le présent et une bonne partie de l'avenir. Avec un agenda où les dates de récitals sont inscrites pour les six ans à venir, mieux vaut surveiller la machine. Dans ce planning ne figurent pas seulement les scènes des opéras internationaux; Pavarotti raffole des stades géants, des esplanades à ciel ouvert, des parcs immenses où il peut donner ce que les puristes appellent des "récitals-circus". Son public? Tout le monde.
30 Tous ceux qui éprouvent le même plaisir en entendant sortir du divin gosier les roucoulements d'*O Sole Mio* ou les imprécations d'*Otello*. Comme autrefois Caruso, son prédécesseur, il a réussi à populariser le bel canto.

«J'ai besoin de sortir du velours rouge du théâtre. J'aime me donner à la foule, elle me fait frissonner. Ce qui m'importe, c'est de partager, et faire aimer la musique.»

35 Seul chanteur classique à concurrencer les stars du rock dans le commerce du disque, il subit parfois des critiques virulentes. Sur le montant de ses cachets, notamment. «Il demande une fortune, dit-on, pour une seule soirée!» On pense à Picasso, à qui l'on faisait le même reproche pour «un dessin qu'il avait exécuté en trois minutes» et qui répondait: «Non, pardon: trente ans et trois minutes.»

40 Car ce don exceptionnel, ces cordes vocales "que Dieu a embrassées", pour reprendre son expression, seraient peu de choses sans le travail quotidien qui a permis cette puissance. Là

54

encore, Pavarotti ne fait pas l'unanimité: <u>on lui reproche</u> parfois de manquer de nuances dans ses rôles, et de chanter si fort que ses partenaires sont contraints de faire de même pour ne pas périr "noyés".

45 Ne pas oublier l'aide qu'il apporte aux jeunes chanteurs du monde entier, grâce au concours international qu'il a créé et qui porte son nom, et il faut mentionner les sommes énormes qu'il a versées à la Fondation Berloni, pour combattre et guérir la thalassémie.

Il a le goût de l'épate, le sens du magnifique, <u>le besoin de plaire et d'être aimé</u>. Ses larges chemises bariolées, ses foulards immenses aux couleurs violentes font partie du folklore
50 pavarottien, comme le célèbre mouchoir blanc qu'il tient de la main gauche, lors de chaque récital. <u>Il y a quelque chose d'enfantin</u>, chez cet homme-là, une sorte de candeur merveilleuse. Exubérant, spontané, chaleureux. Ce qu'offre Pavarotti, c'est, par instants, l'image la plus parfaite du bonheur.

COMPREHENSION QUESTIONS

Marks

1. *(a)* What evidence is there that Pavarotti is more popular than the Rolling Stones? — 1 point

   (b) According to rumour, how was Pavarotti's obesity affecting his career? — 2 points

   (c) What was the fact about the condition of his health? — 1 point

   (d) In what way is the singer a strict disciplinarian? — 3 points

2. *(a)* How do Pavarotti's versatility as a performer and his varied repertoire contribute to his success? — 4 points

   (b) Why is he criticised? — 3 points

3. How does he show his generosity? — 4 points

18 points
= 30 marks

TRANSLATION EXERCISE

The following French phrases are all taken from the text: three possible ways of translating them are given. Choose the best version for this text. Write only the number and the letter, e.g. 1(c), 2(a), etc.

1. le ténor le plus célèbre du monde se porte bien (line 8)

   (a) the most famous tenor in the world carries his weight well
   (b) the most famous tenor in the world dresses well
   (c) the most famous tenor in the world is well

2. ces derniers temps (line 9)

   (a) the last time
   (b) lately
   (c) during the last bad spell of weather

3. Des bruits inquiétants couraient (line 11)

   (a) Disturbing noises were heard
   (b) Some disturbing sounds were circulating
   (c) Worrying rumours were going about

4. il y a seulement deux ans (line 15)

   (a) just two years ago
   (b) there are just two years
   (c) for the last two years

5. Tous ceux qui éprouvent le même plaisir (line 30)

   (a) All those who please themselves
   (b) All those who try to please each other
   (c) All those who experience the same pleasure

6. Ce qui m'importe (line 34)

   (a) What keeps me going
   (b) What matters to me
   (c) What impresses me

7. le montant de ses cachets (line 36)

   (a) the total cost of his fees
   (b) the cost of his tablets
   (c) the upward trend of his career

8. on lui reproche (line 42)

   (a) he was reproached
   (b) he is criticized
   (c) he is approached

9. le besoin de plaire et d'être aimé (line 48)

   (a) the need of pleasure and love
   (b) the need to please and like
   (c) the need to please and be loved

10. Il y a quelque chose d'enfantin (line 51)

    (a) There is something childlike
    (b) There is something of an infant
    (c) There is something comical

                                              15 marks

                                      TOTAL: 45 marks

Lisez attentivement le texte puis répondez aux questions.

18. Pourquoi traitons-nous les Tziganes comme des parias?

Des "Bohémiens" ... Le mot est encore prononcé avec une touche de mépris: si l'on dit "Gitans", c'est encore moins rassurant, on voit déjà des couteaux luire dans l'ombre! En fait, qui sont ces nomades qui traversent l'Europe depuis des siècles? Sous Louis XIV, on croyait qu'ils venaient d'Egypte et on les accusait de magie noire. On sait aujourd'hui que
5 le peuple tzigane est originaire de l'Inde: sa langue, le "romani", est un proche dérivé d'une des plus anciennes langues connues, le sanskrit.

Mais pourquoi les Gitans, les Roms, comme ils se désignent eux-mêmes, ont-ils dans le sang cette passion sauvage de la liberté? Refusant toute servitude, même celle d'un emploi ou d'un logement fixes, ils sont condamnés à l'errance. Leur physique "d'ailleurs", et leurs vêtements
10 trop colorés les ont fait considérer avec méfiance dans les campagnes. Aujourd'hui encore, bien des entrées de villages s'ornent du panneau: "Interdit aux nomades".

Pourtant, les Tziganes ne font guère la quête, ils ont renoncé à leurs petits expédients. Marchands forains, entrepreneurs de spectacles, ils ont la télévision dans leur caravane et
15 roulent parfois en Mercedes. Pourquoi sont-ils encore des Français en marge? Peut-être tout simplement parce qu'ils ne savent pas lire! Les deux tiers d'entre eux sont encore analphabètes. «Lire, à quoi ça sert?», demande avec véhémence Marcelle, une vieille Gitane rencontrée cours de Vincennes, en train de lire ... les lignes de la main. Un sourire plisse les rides de son visage fendillé comme du vieux cuir (elle ne sait pas son âge ou ne veut pas l'avouer). «Les
20 jeunes qui vont à l'école, ils n'ont plus de mémoire. Il faut qu'ils notent tout sur des papiers, les adresses, les numéros de téléphone ... Ils ne retiennent même plus les paroles des chansons!» Péché impardonnable dans une culture fondée sur l'oral et où tout événement un peu important se célèbre en musique ...

«J'ai un neveu qui a été à l'école, confie Marcelle, il sait lire et écrire, il a même eu un
25 certificat. Eh bien, aujourd'hui, il est mécanicien chez Renault. C'est devenu un gadjo.» Le gadjo (au pluriel, gadjé), c'est vous et moi, c'est-à-dire le non-Tzigane. Gadjé et Gitans se considèrent avec une méfiance mutuelle. Les Tziganes ont souvent peur que l'école ne soumette leurs enfants à un système de valeurs qu'ils rejettent: la soumission, la sédentarisation, et le salariat. De fait, les enseignants ont trop longtemps estimé qu'une
30 scolarisation "réussie" se traduisait par une disparition de la culture tzigane. Aussi, les nomades n'encouragent-ils guère leurs gosses à fréquenter les écoles, même lorsqu'en 1959 l'instruction obligatoire a été prolongée jusqu'à 16 ans. Sans parler des difficultés matérielles: comment conduire son enfant à l'école quand on est nomade et que les panneaux de stationnement placés à l'entrée des agglomérations vous interdisent de
35 rester plus de deux ou trois jours?

Et puis, tout s'est compliqué en 1966. Un arrêté a stipulé que les enfants de nomades devaient fréquenter l'école de la localité où stationnaient leurs parents. Les enfants trouvés dans la rue ou dans une salle de spectacle pendant les heures de classe devaient être conduits par un gendarme à l'école publique la plus proche! Et surtout, le fait de manquer la classe au moins
40 quatre demi-journées dans le mois entraînait la suppression des allocations familiales.

Et que se passe-t-il à l'école? «Les petits Tziganes arrivent dans une école pour un temps généralement incertain», expose un instituteur. Frères et sœurs sont répartis dans les différentes classes. Dans le meilleur des cas, on tient compte de leur âge ou de leur niveau

45 supposé. Le maître qui héberge un nouvel arrivant (et un seul) dont il ignore tout, l'assied à une place libre, au fond de la classe, évidemment, et cherche d'abord à l'occuper (faire des dessins!) pendant que le travail du grand groupe se poursuit. C'est seulement si la famille s'installe pour un séjour long que le maître va progressivement essayer de faire travailler le nouveau avec les autres élèves.

50 Le petit Tzigane qui ne fréquente pas la maternelle manque des bases scolaires élémentaires. Il n'a pas de motivation: dans les caravanes de son campement, les adultes, même s'ils sont alphabétisés, préfèrent regarder la télévision plutôt que d'ouvrir un livre ou même un journal. Ils aiment mieux téléphoner qu'écrire une lettre. Les enfants vivent sans horaires: on les nourrit quand ils ont faim, ils s'endorment quand ils ont sommeil. Les
55 punitions sont rares: pour les faire obéir, leurs parents préfèrent user de la persuasion. Comme l'affirme un dicton tzigane, connu chez nous mais beaucoup moins mis en pratique: on n'attrape pas les mouches avec du vinaigre mais avec du miel.

Aujourd'hui, les caravanes des nomades, leurs stands forains, leurs commerces ambulants, sont tractés par des Mercedes ou des BMW. Il faut posséder son permis, remplir des
60 formulaires, et savoir tenir ses comptes: même les métiers traditionnels demandent maintenant une gestion écrite.

Cette prédominance de l'écrit dans la société moderne, les Tziganes en prennent forcément conscience. La conquête du savoir ne permettra pas seulement aux Tziganes de s'adapter à leur environnement et d'évoluer économiquement: c'est le seul moyen de préserver le
65 patrimoine culturel de cette population opprimée que les nazis avaient essayé d'exterminer.

COMPREHENSION QUESTIONS

Marks

1. *(a)* Why are gypsies treated with suspicion?   3 points

   (b) Gypsies are no longer forced to live by their wits. How has their life-style changed?   3 points

2. According to Marcelle, what are the drawbacks of formal education?   3 points

3. *(a)* What problems do young gypsy children face when they attend the local school for a spell?   3 points

   (b) In what way is their home life not conducive to learning?   4 points

4. Why are gypsies gradually recognising the need to read and write in our society?   3 points

                                                19 points

                                              = 30 marks

TRANSLATION EXERCISE

The following French phrases are all taken from the text: three possible ways of translating them are given. Choose the best version for this text. Write only the number and the letter, e.g. 1(c), 2(a), etc.

1. Pourquoi traitons-nous les Tziganes comme des parias? (title)

    (a) Why treat gypsies like outcasts?
    (b) Why do we treat gypsies like outcasts?
    (c) Why are gypsies treated like outcasts?

2. c'est encore moins rassurant (line 2)

    (a) again it is less reassuring
    (b) is is less reassuring
    (c) it is even less reassuring

3. qui traversent l'Europe depuis des siècles (line 3)

    (a) who are travelling through Europe each century
    (b) who have been travelling through Europe for centuries
    (c) who travelled through Europe centuries ago

4. elle ne sait pas son âge (line 19)

    (a) she does not know his age
    (b) she does not know how old she is
    (c) she does not know how old he is

5. les nomades n'encouragent-ils guère leurs gosses (lines 30-31)

    (a) don't nomads encourage their kids
    (b) nomads do not encourage their kids
    (c) nomads hardly encourage their kids

6. l'école publique la plus proche (line 39)

    (a) the nearest private school
    (b) the biggest state school
    (c) the nearest state school

7. que se passe-t-il à l'école? (line 41)

    (a) why spend time at school?
    (b) what happens at school?
    (c) what makes him spend time at school?

8. on tient compte de leur âge (line 44)

    (a) they are asked for their age
    (b) they do not know how old they are
    (c) their age is taken into account

9. il ignore tout (line 45)
   (a) he ignores them all
   (b) he does not know anything
   (c) he disregards everything

10. les nazis avaient essayé d'exterminer (line 65)
    (a) the nazis had tried to wipe out
    (b) the nazis tried to wipe out
    (c) the nazis had wanted to wipe out

15 marks

TOTAL: 45 marks

Lisez attentivement le texte puis répondez aux questions.

19. Prof de banlieue

Sept heures trente. J'arrive. Je me suis levée à six heures, dans un coin de Paris. Le lit était chaud et l'aube glacée. J'ai pris le métro, changé Place-de-Clichy, repris un métro et, à la sortie du métro, encore un bus. Puis j'ai fini à pied: une heure. Le collège est vide. Le soleil se lève.

5 Prof de banlieue: tel est mon lot, mon boulot, mon labeur, et aussi parfois, mon amère joie, mon doux calvaire. Le lundi matin est affreux. Non, rien de spécial. Juste lundi matin, et toute la semaine qui vient, lourde, lente et pleine de cris, de copies, de migraines. Oh oui, une fichue semaine, dont on n'est pas près de voir la fin le lundi matin!

En vérité, je ne suis pas prof de banlieue, mais professeur d'anglais, certifiée, titulaire.
10 «Hello, teacher!» disent mes élèves quand ils me voient. Ils gribouillent sur le tableau en passant, tripotent le magnétophone, me caressent les cheveux: «Ils sont doux! Vous venez de faire un shampooing?» Ils jettent leurs sacs sur les tables, s'assoient enfin, sortent leurs livres d'anglais. Yannick a mis ses dents de vampire en plastique. Le cours peut commencer.

15 Il est 8 heures 25 lorsque Mohand (surnommé Gros Porc) émet un cri de bête aigu et violent: celui du cochon, très certainement. J'étais en train d'expliquer, avec la concentration nécessaire, un point de grammaire, et tout le monde écoutait attentivement. Sauf Mohand. Je me suis fâchée. Il a marmonné: «Espèce de *****!» dans un silence qui l'a surpris lui-même, et tous l'ont entendu ... moi aussi, et je me suis sentie blêmir de la tête
20 aux pieds. «Fort bien! Je fais un rapport disciplinaire.» Ils ont frémi.

A la récréation de 10 heures, je remets ce rapport au secrétariat. A 10 heures 32, le principal est entré dans ma salle, massif et majestueux, l'air furieux. Tous les élèves debout, impressionnés. Mohand a été sommé de venir devant moi et de s'excuser. Il a bredouillé: «Je m'excuse.» «Non, monsieur! a tonné le directeur, on ne s'excuse pas! On dit: "Je
25 vous prie de bien vouloir accepter mes excuses, Madame." Répète!» Il a répété, les yeux baissés, bafouillant, penaud, et j'ai répondu: «Je les accepte», après avoir longuement réfléchi. Le principal a rappelé fermement les règles de base du collège: respect des professeurs et des camarades, travail sérieux. Sur quoi, il est sorti et chacun s'est remis à respirer. J'ai répété que l'école est une chance pour eux, enfants d'immigrés, de
30 chômeurs, et de familles modestes. Chance à ne pas laisser passer! Mohand s'est replié dans un coin. Il avait la "honte" et la "haine", m'assassinait de ses grands yeux noirs. A la sonnerie de 11 heures, il m'a donné un papier: «En fait, je vous aime bien. Votre élève, Mohand. P.S. Je vous quitte du bout du stylo, mais pas du cœur!»

A 11 heures 33, comme ils suaient sur une traduction, Gladys a annoncé: «Y'a le feu dans
35 le couloir, Madame!» «Tais-toi donc et travaille, ai-je répondu, et cesse d'ouvrir cette porte!» Je suis allée le plus calmement possible fermer la porte et j'ai ajouté: «Pas de panique, tout le monde sort! Allez vite, vite, vite! Laissez vos sacs ici!» Et tous ont pris leurs sacs, naturellement, leurs douze kilos de livres, et ont descendu les deux étages en hurlant. «Ne hurlez pas!» hurlais-je. Une poubelle flambait dans le couloir, la fumée
40 nous étouffait, l'alarme ne se mettait pas en marche. «Ce n'est rien, ce n'est pas grave, a dit l'adjoint au principal. Maintenant, vous pouvez remonter.»

Ah bon. Pleurant et toussant, j'ai repris le cours de mon cours, et demandé gaiement: «What is it?» en agitant une clé. Mais nul n'a répondu à cette fascinante question, car ils étaient tous trop occupés à parler de l'incendie, et de qui avait bien pu l'allumer. C'est la troisième fois depuis la rentrée. Deux ou trois noms ont circulé. Je les ai fait taire et ai affirmé qu'on trouverait l'incendiaire, et qu'il serait sévèrement puni. J'ai menti, on ne le trouvera pas. Ou alors, par hasard, au fil d'une autre affaire. Mais aux élèves, je dis: «N'ayez crainte, on le retrouvera!»

On est professeur! Professeur de banlieue! Courage! La paie dans huit jours! Une paie spéciale, avec des primes d'endurance et tout ça? Vous n'y pensez pas! Non non, une paie banale: comme un steward d'Air France en début de carrière, niveau bac, sauf qu'on a près de vingt ans de carrière derrière soi, une licence d'études supérieures, maîtrise et Capes: 11 000F

Dans l'après-midi un peu de solennité: contrôle d'anglais. Les élèves prennent ça au sérieux, le contrôle. C'est difficile, noté sur vingt, et la moyenne des contrôles figure sur le bulletin du trimestre qui sera remis aux parents. Assise à mon bureau je les regarde, penchés sur leur copie. On ne rit plus. Je les aime bien. Ils sont chaleureux, joyeux, pathétiques. Ils rêvent d'un beau métier. Je leur dis: «Courage, foncez! Accrochez-vous! Travaillez!» C'est tout ce que je peux faire pour eux. Ça et un peu d'anglais. Ça sonne. «Rendez vos copies! ...» Ô joie, la journée est finie! Je range mes affaires. Ils crient: «Good bye, teacher! A demain!» Je les entends brailler en sortant de la classe: «Auteuil-Neuilly-Passy, c'est pas du gâteau! Auteuil-Neuilly-Passy, tel est notre ghetto!»

COMPREHENSION QUESTIONS

Marks

1. *(a)* Why is Monday a particularly difficult day for the author? 3 points

    (b) Judging by the way they come into the classroom, why do you think these pupils may be difficult to teach? 3 points

2. *(a)* Why is the teacher particularly annoyed with Mohand? 3 points

    (b) What sort of background do these pupils come from? 3 points

3. *(a)* What does the teacher think about her salary? 4 points

    (b) Do you think she is a good teacher for these pupils? 3 points

    19 points

    = 30 marks

4. Traduisez en anglais: «Mais nul n'a répondu ... on ne le trouvera pas.» (lignes 43-47) 15 marks

TOTAL: 45 marks

Lisez attentivement le texte puis répondez aux questions.

20. Sa console me désole

«Pouce!», disent nombre de parents devant la vogue des jeux vidéo. La frénésie de leurs enfants les inquiète, ils s'interrogent sur les effets de cette boulimie électronique. Un désarroi qui vire parfois au SOS. «Mathieu reste collé à ses manettes pendant des heures. Je ne sais comment l'en arracher, se plaint sa maman. A table, il ne parle que d'ennemis
5   détruits et de scores pulvérisés. Je suis incapable de savoir si ces jeux éveillent son intelligence ou la perturbent.»

Pour répondre, l'expérience et les informations manquent. Une raison à cela: les jeux vidéo sont apparus avec la génération de nos enfants. Nous n'avons pas expérimenté leurs avantages ni leurs inconvénients. Quant aux spécialistes, leurs avis sont souvent sollicités
10 par les fabricants et des études hors commerce trop rares.

«Les enfants qui se réfugient auprès de leur console plusieurs heures par jour comblent un manque, affirme Gérard Bonnafont, psychosociologue. Si les jeux vidéo n'existaient pas, ils se tourneraient vers la télévision, la planche à roulettes ... voire la prédélinquance.» Faut-il en déduire que certains enfants abuseraient des jeux électroniques parce que l'on n'a
15 pas suscité chez eux l'éveil à d'autres activités?

Certains parents se plaignent de l'isolement engendré par les jeux vidéo tout en l'encourageant, et parfois sans y prendre garde. «Ferme la porte de ta chambre quand tu joues à ton ordinateur», suggèrent-ils pour échapper à la lancinante musique. Pourtant leur enfant a besoin de raconter ses aventures, de faire apprécier ses progrès. Nous lui
20 demandons si souvent d'en accomplir à l'école!

Un effort que consentent les parents attentifs, à condition que le jeu ne "morde" pas sur le reste. En particulier sur le travail de l'école. C'est pourquoi Gérard Bonnafont a voulu donner un coup de sonde dans le milieu scolaire. Sur 250 enfants rencontrés, près de 60% pratiquent les jeux vidéo. Qu'ils aient de bons ou de mauvais résultats scolaires, la
25 proportion reste la même. Donc, match nul. L'enquête montre, par ailleurs, qu'aucune altération du rythme scolaire n'intervient pour une utilisation moyenne (8 à 10h par semaine), mais que des signes de fatigue, de plus grande léthargie apparaissent au-delà de vingt heures d'utilisation.

Jean-Jacques, professeur, va plus loin. Il veut réconcilier enseignement et jeux
30 électroniques; «Ils développent des capacités de rapidité de réflexion et d'action qui gagneraient à être mieux exploitées en classe.» Pourquoi pas, avec des supports appropriés? Comme à l'école, les jeux électroniques incitent à se dépasser, à franchir les degrés avant d'escalader les échelons d'une carrière professionnelle, et ils ont l'atout (ambigu) de laisser l'enfant maître de ses progrès et de son rythme face à l'écran. Avec les
35 jeux vidéo un élève défaillant se sent réconforté. Ne donnent-ils pas droit à l'échec sans le souligner? Mieux: ils le gomment aussitôt.

«On dit que ces jeux préparent nos enfants à la société future, dit Françoise, psychologue scolaire, moins enthousiaste que Jean-Jacques. Je crois plutôt qu'ils entretiennent ce qu'il y a de pire dans le monde actuel. Avec la machine, telle demande entraîne telle réponse, et
40 une seule. L'enfant risque d'en déduire que le monde obéit à des mécanismes simplistes.

De plus, les jeunes retrouvent un climat de compétition et de destruction, réplique de celui qu'ils voient à la télévision. Les enfants vivent de plus en plus face à l'écran, hors de la réalité.» On ne peut pas le nier ... «Pour nos enfants, qui sont nés avec la télé, la fascination de ces jeux est d'y être liés. C'est la fascination de l'image vivante par opposition à des jouets inertes.»

Il est vrai que les jeux vidéo cultivent l'astuce, l'acuité visuelle et la compréhension rapide d'une situation. Mais en revanche, votre corps est mis en scène: vous mourez, vous ressuscitez, vous recevez des coups. Bref, c'est agressif dans la mesure où ces jeux mettent en action un personnage physique auquel l'enfant s'identifie.

Agressif. Un mot qui rend les parents méfiants. Les jeux évoquent des modes de vie où priment la compétitivité et la consommation, mais aussi un rythme de vie effréné. De plus, dans ce domaine les parents se sentent en position d'infériorité. D'habitude, les adultes savent et enseignent aux jeunes. Ici, les juniors l'emportent en rapidité de compréhension et en aisance. «Après avoir beaucoup hésité, nous avons décidé d'offrir une console à nos deux enfants pour Noël, explique Chantal, secrétaire. Mon mari craignait de ne pas être à la hauteur, de ne pas savoir leur expliquer les règles. J'ai vu mon fils de 7 ans enclencher la cassette dans l'appareil sans prendre le temps de lire le mode d'emploi. En moins d'une heure, lui et sa sœur connaissaient toutes les astuces et les pièges du jeu.»

Les jeux vidéo ne sont ni des anges, ni des démons. Tout est dans la manière de s'en servir, et d'aider nos enfants à les utiliser. «Chez nous, le jeu vidéo constitue une récompense, explique Claire, mère de famille. Une bonne note, un après-midi calme, et mes enfants gagnent leur ticket d'accès à la console. Du coup, cela devient une vraie fête pour eux, et ils apprécient!»

Les parents d'Antoine donnent dans les loisirs planifiés: «Nous établissons des tours de rôle avec les autres jeux de société. Il y a les soirées *Cluédo* et les soirées jeux vidéo. Tout le monde y participe, de la mamie au petit dernier. Si le pli de réguler l'emploi des jeux vidéo est pris très tôt, les enfants, ensuite, en modèrent d'eux-mêmes l'utilisation. Mais il faut toujours expliquer pourquoi on agit ainsi.»

Ce doit être cela le métier de parent.

COMPREHENSION QUESTIONS

Marks

1. *(a)* What worries do parents have as far as video games are concerned? 2 points

   (b) Why is it difficult to assess the effect of computer games on children? 3 points

   (c) According to Gérard Bonnafont, how would children spend their time if they did not play with their computers? 2 points

2. How are some parents inadvertently harming their children? 4 points

3. Mention three positive aspects of video games according to Jean-Jacques. 3 points

4. Mention three negative aspects of video games according to Françoise. 3 points

5. As far as their children and video games are concerned, what approach would the author encourage parents to take? 3 points

    20 points

    = 30 marks

6. Traduisez en anglais: «Après avoir beaucoup ... pièges du jeu.» (lignes 54-58)

    15 marks

TOTAL: 45 marks

ESSAY

INSTRUCTIONS TO CANDIDATES

You are given one hour and fifteen minutes to complete this paper in the Revised Higher examination.
You are expected to write between 200-250 words.
You may use a French dictionary.
40 marks are allocated to this paper.

ADVICE TO CANDIDATES

To perform well in the Essay, you must have a sound knowledge of the French language. It is unrealistic to think that you can sit down a few weeks prior to the exam and learn all the grammar. By then it is too late. What you write in your Essay should be the knowledge of the language you have acquired over the years.

The Essay questions require you to write chiefly (though not exclusively) in past tenses.

First of all you must read the stimulus text and the two questions. The text is intended to give you ideas on what you can write. Although there may be an occasional word or expression you would like to use in your essay, do not be tempted to copy part of the text in your own work. The examiner wants **your** ideas. Remember too that the stimulus text may be in the present tense so do not let this disconcert you when you come to write in the past tense.

Make sure you understand both questions before you begin. Your dictionary will help you here. Choose the question you think will give you the best opportunity to show off the French you know, and then **plan** what you are going to write. It is important that your essay is structured with a beginning, a middle and an end, and that you do not just reel off a hotchpotch of sentences. Furthermore, make sure that what you are going to write is **relevant** and that you answer all the parts of the question.

My advice to you is not to be too ambitious. The more practice you have in this kind of task, the better your writing will become — provided you are willing to learn from your mistakes. The time to experiment in your writing is during the year when your teacher is there to guide and help you. However, when you are doing one of the Essay questions under exam conditions, I suggest you write **only what you know to be correct**. Make a point of including the things you can do well. For example, if you are familiar with the Subjunctive or you know how to form **si**-clauses correctly, include an example of these somewhere in your essay.

The Essay is there for you to show what you know. Whatever the situation you have to imagine yourself in, do not make it too complicated by introducing a welter of structures and expressions you have never practised before. Always write within the bounds of your own ability. Do not think in English and then translate directly into French as this has disastrous results: you cannot possibly express yourself in French as you can in English. Above all else, accept your limitations.

The marks are pegged: Excellent — 40; Very good — 36 or 32; Good — 28 or 24; Satisfactory — 20; Unsatisfactory — 16 or 12; Poor — 8 or 4; Very poor — 0.

Lisez ces extraits tirés d'une revue française.

1. NOS PREMIÈRES VACANCES SANS PAPA ET MAMAN

En vacances chez sa correspondante: on a voulu y aller, on y est!

Entre la Margaret de la photo et la vraie, il n'y a pas grande ressemblance. En fait que sait-on de notre correspondante? A part son niveau scolaire, sa passion pour le badminton, que sa chienne Flossie vient de mettre bas et que ses parents sont very happy de nous connaître … C'est justement à leur intention que maman nous a fourré un cadeau dans le sac. Faut-il le leur donner en arrivant? Au dîner …? Et qui sait comment ces friandises auront supporté le voyage? Et qu'est-ce qu'on va faire ici dans le Devon? N'empêche, que donnerait-on pour rentrer là tout de suite à la maison? Courage. Et il en faut. De peur d'être impolie, on avale des mixtures infâmes. On fait partie de la famille. Avec tous les devoirs que cela implique: l'obligation de faire son lit, l'interdiction d'y flemmarder, la maisonnée se réveille aux aurores … Lorsque Margaret débarquera en France, sûr, on se vengera.

Le "fameux" voyage prévu avec toute la classe

Qui dit partir avec sa classe, dit aussi voyager avec ses profs. Et c'est toujours surprenant de découvrir que ce sont des gens normaux qui mangent, qui boivent et qui peuvent avoir mal aux pieds. Tout comme nous. Du coup, cela les rend plus accessibles. N'empêche: un prof reste un prof même hors de son lycée. Et la moindre attraction du séjour doit forcément avoir un but pédagogique. Dans une ville inconnue, nous, on regarde les magasins, eux s'intéressent aux églises romanes ou à l'abbaye cistercienne du coin. Il faut prendre des notes en raison du compte-rendu que nous serons obligés de leur pondre avant la fin du voyage. Finalement, le plus drôle des excursions scolaires demeure le trajet. A condition de squatter les places du fond dans le car. Les fortes têtes, les frimeurs, les caïds s'y ruent systématiquement. On peut espérer y faire des rencontres auxquelles on n'avait pas pensé le restant de l'année.

Un mois peinard chez les grands-parents

Privés de notre présence durant l'année scolaire, ils se rattrapent en un mois. Rien n'est trop beau pour nous faire plaisir. Mamie ne nous mitonne que nos plats préférés, avec le secret espoir, il est vrai, de nous remplumer. Toutefois, malgré notre "maigreur", elle est trop heureuse de nous montrer à ses copines afin de s'entendre dire que sa petite-fille est belle et qu'elle a bien grandi depuis l'année dernière. Ce qui est incontestable et toujours agréable à entendre. Papy, lui, accepte d'entamer une partie de *Scrabble*, de croquet, enfin n'importe quoi de crainte que nous nous ennuyions en leur compagnie. Le reste du temps, nous avons la paix, à condition de rentrer à midi pour le déjeuner et à 19 heures tapantes pour le dîner. Restent les sorties passées 22 heures, difficiles à négocier celles-là. Peuvent-ils prendre une telle responsabilité? Ne devraient-ils pas en parler à nos parents d'abord? C'est que de leur temps, on n'allait pas au bal si jeune. Mais ils savent bien aussi qu'il faut que la jeunesse se passe. On n'a pas tous les jours 20 ans.

Écrivez 200–250 mots sur **UN** des sujets suivants:

1. Vous avez passé vos premières vacances sans vos parents. Racontez ce que vous avez fait.

   OU

2. Vous êtes parti(e) en groupe scolaire. Rédigez un rapport sur votre excursion.

Lisez ces extraits tirés d'une revue française.

2. J'HABITE CHEZ MES PARENTS

Ils ont vingt-cinq ou trente ans, un travail, une famille … rien que de très normal. Si ce n'est que ces garçons-là vivent chez leurs parents. S'ils ont tenté, à un moment, de vivre seuls et ont fait leur petite escapade, ils ont vite connu un retour à la case de départ. Souvent, leur entrée dans le monde ne s'est pas bien passée: problèmes d'emploi, de santé, échec sentimental … Et c'est «à la maison» qu'ils ont pu se remettre sur pieds. Une convalescence qui s'est prolongée …

«Je suis revenu vivre chez ma mère il y a un an. Après un licenciement, j'étais en pleine dépression et ma mère m'a accueilli les bras grands ouverts. Elle était contente que je revienne.

En fait, je déteste être seul et cela me plaît de me retrouver dans une ambiance familiale avec ma mère et ma sœur. Je ne pense pas que ça soit une régression. C'est une situation provisoire qui n'est pas désagréable. Je me sens protégé. On me prépare mes repas, on me lave mes vêtements … et puis être avec ma mère, c'est sympa.

Ici j'ai trouvé le soutien moral dont j'avais besoin. Cela me permet de voir plus clair, de reprendre mes esprits. Bien sûr, il y a quelques inconvénients. Pour recevoir mes copains, j'attends que ma mère sorte. Je ne veux pas la déranger.»

Hervé, 26 ans

«Je suis parti de chez mes parents à vingt ans. J'avais un appartement. Cela faisait plusieurs années que je faisais ma vie à Paris. Il y a deux ans j'ai subi une intervention chirurgicale. Je ne pouvais plus parler. Je ne communiquais plus. Pendant ma convalescence, c'était plus facile que je sois à la maison. Lorsque j'ai été guéri, je suis resté, parce qu'en fait je me sens bien ici.

La vie est tranquille. C'est agréable de vivre avec sa famille, avec des gens que j'aime, en qui j'ai confiance. J'ai aussi moins de problèmes matériels que lorsque j'habitais dans mon appartement à Paris. Maintenant j'ai moins envie de sortir, d'autant plus que ma vie professionnelle est très prenante. De toute façon, si je déménage, c'est pour avoir une maison juste à côté de chez mes parents.»

Michel, 30 ans

«J'ai été marié pendant six ans, je faisais un autre métier et je gagnais ma vie. Puis j'ai divorcé et alors, je suis revenu vivre chez mes parents. Je n'avais plus d'argent. Cela fait précisément deux ans et demi que je suis là. Tout se passe très bien. Les portes sont fermées et chacun respecte la vie de l'autre. On ne prend jamais nos repas ensemble.

Certains de mes copains viennent vivre ici quelque temps. L'appartement est grand et la pièce commune est la cuisine. Ma petite amie habite là aussi. Cela ne pose aucun problème, ni à mes parents, ni à moi.»

Frédéric, 29 ans

Écrivez 200–250 mots sur **UN** des sujets suivants:

1. Imaginez que vous avez 26 ans et que vous avez déjà quitté le nid familial. Écrivez une lettre à votre correspondant(e) dans laquelle vous racontez les problèmes auxquels vous avez eu à faire face depuis votre départ.

OU

2. Après avoir vécu seul(e) pendant 10 ans, vous avez décidé de rentrer chez vos parents pour de bon. A votre arrivée, vous discutez avec vos parents des raisons pour lesquelles vous avez pris cette décision. Écrivez la conversation.

Lisez ces extraits tirés d'un magazine français.

3. **LE TRAVAIL SCOLAIRE**

«Nous avons encore eu une soirée impossible! se désole Chantal. Christophe, mon mari, juste avant la rentrée, a rappelé à notre fils Jérôme ses résultats au collège de l'année dernière "pour le motiver", dit-il. Il les trouve toujours insuffisants. Il lui faudrait un fils en permanence dans les meilleurs de la classe. Moi, je regarde si les enfants progressent, c'est cela qui m'intéresse. Pourquoi leur imposer tant d'exigences sous prétexte de vouloir leur bien? Christophe est du genre "Toujours plus! Toujours plus haut!" Il n'a pas manqué de faire à son fils des remarques acerbes, entremêlées de "Si je te dis cela, c'est pour ton avenir." Il ne se rend pas compte que cela produit l'effet inverse. Jamais d'encouragements, toujours des remarques! Jérôme est parti furieux dans sa chambre.»

«Chez nous c'est ma femme qui est une "accro" du travail scolaire, dit Luc. Elle se croit obligée de tout contrôler, de tout vérifier. Souvent, elle rajoute des exercices quand elle sent que les enfants ne sont pas encore assez sûrs d'eux. Cela fait des histoires impossibles: les mères ne sont pas faites pour être des institutrices! Le soir, quand j'arrive, ils me prennent à témoin de leurs querelles scolaires. Elle ferait bien mieux de les laisser se débrouiller seuls, en jetant un coup d'œil discret sur leur travail.»

«Ma femme suit très régulièrement la scolarité des enfants, dit Franck. Elle est très attentive à leur programme, à leurs enseignants. Elle leur demande, presque chaque soir, leurs résultats et me sollicite pour venir avec elle voir les profs. Pourquoi y aller chaque trimestre, alors que nos deux garçons se débrouillent bien? Pourquoi vérifier qu'ils ont fait leur travail, alors qu'ils sont consciencieux? J'ai l'impression qu'on leur mange leur espace personnel, l'école c'est un peu l'espace privé des enfants. Ma femme prétend, au contraire, qu'on leur montre notre intérêt et que cela les motive.»

Écrivez 200–250 mots sur **UN** des sujets suivants:

1. Hier soir vous vous êtes disputé(e) avec vos parents à propos de vos devoirs. Racontez pourquoi vous vous êtes querellés et ce qui s'est passé.

OU

2. Vous avez échoué à un examen important de français. A table ce soir-là vos parents vous demandent si vous avez passé une bonne journée à l'école. Écrivez votre conversation.

Lisez ces extraits tirés d'une revue française.

4. DIMANCHE

«Je joue du piano tout l'après-midi et je ne m'en lasse pas, raconte la très sérieuse Elisabeth. Surtout du Beethoven et du Chopin. Mon prof dit qu'il faut que je joue encore plus et papa, qui est pianiste, corrige mes erreurs.»

«Le dimanche, je me lève à 8 heures pour courir au bois de Boulogne avec mon père, raconte Julie. C'est fatigant et papa me crie: "Courage! Courage!" Mais, souvent, j'arrête et je marche. Et je me remets à courir dès qu'il tourne la tête dans ma direction.»

«Le meilleur, raconte Romuald, c'est quand mes parents me font croire qu'on va chez grand-mère et qu'au dernier moment, sur l'autoroute, papa tourne sur la bretelle du parc Astérix. Alors là, mes parents retombent en enfance: la grande roue, la chenille, les gaufres. Mais maman ne veut plus retourner dans le Grand Splash depuis qu'elle y a vomi!»

«J'invite des copains à dormir à la maison, raconte Marine. Le samedi soir, on se fait des petits plats ou alors on vide le frigo et on mélange tout ce qu'on trouve (poivrons, mozarella, etc ...) dans des "tartes", et on mange ce qui reste vers 4 heures du matin. On se lève vers midi après avoir papoté toute la nuit jusqu'à 6 heures.»

«L'un de mes moments favoris, c'est le thé pris avec des amis de mes parents, raconte Fabien. Ça m'explose, leurs conversations. En fait, ils racontent le même genre d'histoires que nous, mais en plus bête! Par exemple, dimanche dernier, une copine de ma mère racontait qu'elle collait l'oreille à la cloison de son bureau pour espionner une collègue qui engueulait son amoureux. Pour moi, un dimanche idéal commencerait par le chant des oiseaux qui réveillent le quartier, puis par un petit déjeuner devant un bon vieux film de Jacques Tati, justement à cause de son atmosphère de dimanche. Et pour finir en beauté? Battre papa au *Trivial Pursuit*!»

Écrivez 200–250 mots sur **UN** des sujets suivants:

1. Qu'est-ce que vous avez fait dimanche dernier?

OU

2. Est-ce que vous vous ennuyiez le dimanche quand vous étiez petit(e) ou est-ce que c'était votre jour préféré de la semaine?

Lisez ces extraits tirés d'une revue française.

5. 1 AN A L'ÉTRANGER VOUS CHANGE LA VIE!

Une aventure: une année passée à l'étranger, dans une autre famille, avec d'autres copains et d'autres habitudes! Quelques moments très forts, d'autres très durs, mais toujours enrichissants. Au départ, pour Stéphane, Carole, Jean et Murielle, il y avait bien sûr l'envie d'apprendre vraiment l'anglais "sur le terrain".

Stéphane:
«Quand je revois cette aventure, je pense à un rêve. J'ai vécu pleinement aux États-Unis et quand je suis revenu, ce rêve éveillé s'est lentement effacé et la réalité a pris le dessus ... Mais durant les jours qui ont suivi mon retour, quand je marchais dans la rue, je me demandais où j'étais et si j'avais vraiment vécu ça.»

Carole:
«Je me souviendrai toujours du premier jour de classe. Je venais juste de débarquer. On m'a extirpé du lit à 6 heures. On m'a dit: "It's up to you!" J'étais française, j'étais paumée. Le plus dur, c'était de vivre tout ça à 6 heures du matin! Aujourd'hui, ça va mieux, mais je préfère quand même les week-ends.»

Jean:
«Moi, j'ai été accueilli par une famille de fermiers dans le Wisconsin. Dans mon petit village de 280 habitants du North Dakota, la neige est tombée la deuxième semaine de septembre. J'ai eu très froid. Parfois la nuit il fallait se lever pour aller traire les vaches! Les premiers temps ont été très difficiles. Au début, je me sentais un peu seul. Mais mes relations avec les autres se sont améliorées et j'ai peu à peu été pris par cette ambiance très amicale du lycée où nous n'étions que soixante élèves.»

Murielle:
«Tout n'est pas rose. Il y a les petits problèmes de la vie quotidienne, le cafard, l'impression de ne pas faire de progrès. Ce n'est pas tous les jours l'Amérique!»

Écrivez 200–250 mots sur **UN** des sujets suivants:

1. Vous avez passé une année dans une famille à l'étranger. Racontez vos expériences. Qu'est-ce qui vous a le plus marqué?

OU

2. Vous venez de passer votre première semaine dans un lycée à l'étranger où vous allez rester pendant une année. Écrivez une lettre à votre correspondant(e) français(e) dans laquelle vous racontez vos premières impressions.

Lisez ces extraits tirés d'un magazine pour les jeunes.

6. QUEL ADULTE SEREZ-VOUS?

Je veux être maître de ma vie

«Quand on me parle d'avenir, j'ai hâte d'y être. Aujourd'hui on est tous obsédés par la réussite scolaire et par le boulot, on n'a plus le temps de se demander, de comprendre qui on est et ce à quoi on aspire vraiment.

Je pense que si on parvient à donner un sens à sa vie, on arrive à s'intégrer. Pourtant, moi aussi je me sens révoltée par cette société, tout en sachant que si je rentre dans ma vie d'adulte avec l'envie précise de réaliser un projet, alors tout est permis.

Ceux qui sont tristes, ce sont ceux qui n'ont jamais réfléchi et qui, brutalement, basculent dans l'angoisse d'un monde auquel ils ne sont pas préparés.

Moi, j'ai vraiment envie de devenir adulte, pour être maître de ma vie. Qu'importe si parfois cela m'effraie un peu quand même.»

Nathalie, 16 ans

Être adulte, c'est rester enfant

«Bien sûr, un adulte doit se prendre en charge: il est responsable de son argent, de ses actes, de sa famille, de ses opinions. Ça n'a pas l'air amusant: il doit payer ses impôts, l'assurance, le médecin, etc. Mais il y a aussi des avantages: la liberté d'habiter dans son "chez-soi", de sortir où on veut quand on veut sans rendre de comptes à personne, le bonheur d'exercer une profession intéressante sans avoir à se taper toutes les matières scolaires obligatoires, celui de fonder une famille ...

Je me réjouis de vivre cela mais j'en suis un peu inquiet: vais-je trouver un travail, rencontrer l'âme sœur? Éviter le sida? Réussir à aider les autres?

Je n'ai qu'une seule vraie crainte, celle de devenir trop adulte, d'oublier les joies de l'enfance, de ne plus aimer les déguisements, les jeux, les bons desserts, les surprises ... Bref, de devenir sérieux!

Oui pour moi, être adulte, c'est avant tout savoir rester enfant.»

Jean, 17 ans

Écrivez 200–250 mots sur **UN** des sujets suivants:

1. Imaginez que vous avez trente ans. En quoi votre vie a-t-elle changé depuis le lycée? Avez-vous trouvé l'âme sœur? Avez-vous trouvé un bon travail?

OU

2. Imaginez que vous avez une vingtaine d'années. Écrivez une lettre à Jean ou à Nathalie pour le/la rassurer. Racontez comment vous imaginiez votre avenir quand vous aviez 16 ou 17 ans, et ce qui vous est arrivé depuis.

Lisez ces extraits tirés d'un magazine français.

7. POUR L'AMOUR DU RISQUE

«Les risques dans ma vie, je n'y pense pas vraiment. L'été en Corse, quand je m'éloigne avec mes palmes et mon tuba, mes parents n'apprécient pas trop. Moi, quand je sens les courants d'eau froide et les vagues qui me poussent, j'aime bien. Enfin, tant que j'ai l'impression de contrôler la situation et de pouvoir me tirer d'affaire. Mais quand je sors mon chien le soir, là j'ai de l'appréhension. Il fait noir, il y a les buissons, n'importe qui peut surgir. J'ai toujours peur que quelqu'un me saute dessus. Alors quand mes parents me répètent que je ne dois pas aller plus loin que le coin de la rue, je comprends. Par contre, je ne suis pas d'accord avec eux pour le permis moto. Je veux le passer et eux refusent. Dès que j'en parle, mon père embraye sur les dons d'organes! Ma mère, elle, dit qu'elle crèvera les pneus. La moto pour eux, c'est devenu le danger absolu. Résultat, si un jour il m'arrivait quelque chose en moto, je n'aurais qu'une chose à me dire: c'est qu'ils m'avaient prévenu et qu'ils avaient raison. C'est ce qu'il y a de pire.»

Paul, 17 ans

«Quand je traverse la rue sans regarder, c'est déjà un risque. Je sais que c'est dangereux, mais je me dis que les voitures vont s'arrêter. Je suis trop impulsive et je me laisse aller à faire des conneries. L'autre jour j'ai abordé des punks dans la rue. Je les ai même accompagnés au 4e sous-sol d'un parking, là où ils s'abritaient. Il y avait sûrement un risque, mais il ne m'est rien arrivé. Jamais je ne parle de ces trucs à mes parents. Heureusement parce qu'ils ont toujours peur qu'il m'arrive quelque chose. La morale, avec eux, je connais: ne pas se balader seule la nuit. Mais je les écoute rarement. Je sais que c'est un risque mais je n'imagine pas que quelque chose puisse m'arriver. Au fond je ne suis pas courageuse. En scooter par exemple j'ai peur. Mais le vrai danger pour moi, c'est quand ma grand-mère conduit et que je l'accompagne. Là, je ne contrôle rien, c'est horrible!»

Anne, 16 ans

Écrivez 200–250 mots sur **UN** des sujets suivants:

1. La semaine dernière vous avez pris un grand risque. Qu'est-ce que vous avez fait et qu'est-ce qui vous est arrivé?

OU

2. Vos parents vous ont interdit de faire quelque chose mais vous l'avez fait quand même en dépit du risque. Vos parents ont appris ce que vous avez fait et se sont fâchés. Écrivez votre discussion.

Lisez ces extraits tirés d'une revue française.

8. PREMIERS PAS DANS LA COUR DES GRANDS

On se souvient bien de son entrée à l'école primaire. Une entrée, plus impatiemment désirée et plus confusément redoutée qu'aucune autre.

«J'avais un peu peur parce que je ne savais pas ce qu'on allait me demander. En même temps, j'étais très contente d'entrer à l'école primaire pour savoir lire comme mes parents et ma sœur. Dans la cour, j'étais drôlement fière. Tout de suite, je me suis sentie plus grande. Après, les plus grands sont venus nous embêter. Ils disaient qu'on les gênait quand ils jouaient au ballon. Là, j'aurais bien aimé retourner en maternelle.»
Fedora, 7 ans

«Le premier jour, je n'avais pas de copain. Je m'ennuyais tout seul dans la cour et je ne savais pas comment faire. Finalement ce n'est pas difficile: d'abord tu joues avec quelqu'un de sympa et puis tu lui demandes s'il veut être ton copain. S'il ne veut pas, tu demandes à un autre. C'est possible en deux ou trois jours.»
Boris, 9 ans

«Je trouvais la maîtresse méchante au début: elle ne voulait pas que je joue, elle voulait que je reste assise en silence. L'école primaire ce n'est pas du tout pareil que la maternelle. Avant, notre travail c'était de bien savoir faire des dessins. Ici, on ne peut plus faire de dessins ou s'amuser. On doit savoir écrire et lire. C'est pour ça que la maîtresse crie plus fort qu'à la maternelle: elle veut qu'on soit sage, qu'on lève le doigt, qu'on apprenne bien. Moi, je voulais tout de suite savoir lire. Et puis ce n'était pas possible. J'étais déçue, mais maintenant j'y arrive.»
Marine, 8 ans

Écrivez 200–250 mots sur **UN** des sujets suivants:

1. Votre premier jour en primaire. Comment ça s'est passé?

OU

2. Votre petit frère/petite sœur rentre en primaire demain. Il/elle a peur. Vous lui racontez votre premier jour en école primaire et l'encouragez. Écrivez votre conversation.

Lisez ces extraits tirés d'une revue française.

9. AMUSE-TOI EN RESTANT CHEZ TOI!

Tous tes amis partent en vacances: David part aux Antilles, Anne va en Espagne et Paul va dans le Midi. Et toi dans tout ça? Tu t'en vas nulle part ... Mais inutile de faire la tête! Au contraire, en s'organisant bien, passer l'été dans sa ville, c'est génial!

«Je me demandais ce que j'allais bien pouvoir faire toute seule dans ma ville et, soudain, j'ai eu une super idée. J'ai commencé par faire le vide dans ma chambre. J'ai jeté tous les vieux trucs que j'avais pu accumuler et qui encombraient ma chambre depuis des années. Ensuite, j'ai tout repeint en bleu turquoise. J'ai changé les rideaux ainsi que mon dessus-de-lit (ma mère m'a tout de même un peu aidée). Les week-ends, j'allais régulièrement aux puces pour trouver des objets originaux. Au bout du compte, j'étais absolument ravie du résultat et mes copines ont trouvé ma nouvelle chambre vraiment géniale quand elles sont rentrées de vacances!»
Corine, 16 ans

«Au lieu de rester enfermé à regarder la télé toute la journée, j'ai eu envie de bouger. Tous les matins, j'allais faire du jogging au stade municipal. Il n'y avait personne et j'étais tranquille. L'après-midi, j'allais nager à la piscine. J'ai pris un abonnement pour les deux mois. Ce n'était pas cher du tout. Je faisais cinquante longueurs au minimum. Quand mes amis sont rentrés, ils ont remarqué que j'avais vraiment la forme.»
Fabien, 17 ans

«Mon père a un copain qui a une boîte et il s'est arrangé pour me faire faire un stage pendant l'été. Au début, j'étais furax. J'aurais préféré partir en Grèce avec ma copine Lucie comme prévu. Mais quand je suis arrivée, j'ai tout de suite changé d'avis. Il y avait plein d'étudiants qui faisaient comme moi. Je me suis fait des tas de nouveaux copains très intéressants que je n'aurais pas pu rencontrer autrement. Et, surtout, j'ai rencontré Adrien. Depuis ce stage, on sort ensemble. Je suis restée pour bosser mais, en fait, ce sont les plus belles vacances de ma vie!»
Anna, 17 ans

Écrivez 200–250 mots sur **UN** des sujets suivants:

1. Vous n'êtes pas parti(e) en vacances l'été dernier. Qu'est-ce que vous avez fait de votre temps libre?

OU

2. Vous avez trouvé un job d'été. Une fois rentré(e) au lycée, vous écrivez une lettre à votre correspondant(e) et lui racontez vos expériences.

Lisez cet extrait tiré d'un dépliant français.

10.

EURO DISNEYLAND, LE ROYAUME OÙ TOUS LES SOUHAITS SE RÉALISENT ...

Il était une fois ... vos contes préférés s'animent, vous êtes accueillis par Blanche-Neige, Mickey, invités par Alice à un thé enchanté. Le Mark Twain remonte le Mississippi ... La caravane d'Aladdin vous plonge dans les 1001 fastes de l'Orient, tandis qu'avec "les Pirates des Caraïbes" vous voguez vers des rivages dangereux. Entre toutes ces aventures de voyages, vous vous sentez portés par la curiosité de tout connaître de ce monde où chaque instant est étonnement.

Vive les endroits qui mettent la tête à l'envers, les périples renversants comme "Indiana Jones et le Temple du Péril", les sensations foudroyantes du train de la mine de "Star Tours". Vous voulez revenir sur terre? Bienvenue à "Phantom Manor" où pas moins de 999 fantômes se chargent de vous accueillir! En conclusion, sang-froid et nerfs d'acier sont recommandés.

Note:

— Une tenue correcte est exigée. Le port d'une chemise et de chaussures est obligatoire en toutes circonstances.

— Les boissons et la nourriture ne sont pas admises dans l'enceinte du parc EURO DISNEYLAND. Vous trouverez une aire de pique-nique située entre le Parking Visiteurs et l'entrée principale.

— Il est interdit de fumer dans les attractions.

— Nous vous demandons également de vous abstenir de boire, de manger ou d'utiliser des flashes photographiques dans les attractions.

Écrivez 200–250 mots sur **UN** des sujets suivants:

1. Vous avez passé une journée à Euro Disneyland. Racontez ce que vous avez fait.

OU

2. Vous faites quelque chose de contraire au règlement d'Euro Disneyland et on vous demande de quitter les lieux. Écrivez une lettre à votre correspondant(e) dans laquelle vous racontez ce qui s'est passé.

Lisez cet extrait tiré d'une revue française.

11.

VACANCES LINGUISTIQUES

«Le pire, dit Marc, 13 ans, c'est l'arrivée. Avec, sur le trottoir, les familles, vaguement souriantes, qui regardent le bus de l'extérieur, et nous, qui les détaillons à travers les vitres en nous demandant sur laquelle on va tomber. Moi, j'avais répéré une dame en robe rose et en chapeau bleu et je me disais: "Seigneur, faites qu'elle ne soit pas pour moi, elle est trop grosse." Eh bien, c'est pas moi qui l'ai eue, c'est Sylvie et je me suis trompé: il paraît qu'elle est super.»

Le "pire" ... A les voir, ces trente petits Français, élèves de quatrième, venus passer deux semaines de vacances linguistiques dans le Kent anglais, ils n'ont pas l'air de le connaître!

Sylvie est sans hésitation: «Ils sont très normaux les Anglais. En France, j'avais entendu dire des tas de choses sur eux: qu'ils étaient froids, qu'ils aimaient la pluie, que leur maison sentait la saucisse partout, qu'ils "s'y croyaient" parce qu'ils vivent sur une île ... Eh bien, tout ça, je ne l'ai pas remarqué. Je les trouve gentils avec nous. Moi, je suis tombée tout près de l'école où l'on a cours, la maison blanche à colonnes au bout de la rue.»

Les cours de langue ont lieu tous les matins: trois heures, parfois un peu plus, consacrées au dialogue, à la conversation, aux exercices scolaires. Le professeur est un spécialiste qui s'efforce de ne jamais proférer un mot qui ne soit pas purement anglais. «Les élèves français sont, en général, motivés et sérieux dans leur démarche. Ils veulent progresser, dit l'enseignant. Mais les enfants qui nous arrivent début juillet sont fatigués de leur année scolaire et parfois en veulent un peu à leurs parents de les avoir renvoyés "en classe" aussi vite!»

Écrivez 200–250 mots sur **UN** des sujets suivants:

1. Vous venez de passer un séjour linguistique en France et vous en voulez à vos parents de vous y avoir envoyé. Racontez ce qui s'est passé en France.

OU

2. Vous avez passé des vacances linguistiques en France. En arrivant en bus vous avez aperçu la mère de la famille chez qui vous deviez loger et vous avez eu un peu peur. Comment était-elle et est-ce que votre séjour s'est bien passé?

Lisez cette lettre tirée d'une revue française.

12.

JE NE PEUX PAS VIVRE SANS SPORT!

Aujourd'hui, je suis âgée de 17 ans et, jusqu'à il y a trois ans, j'avais tout pour être heureuse. J'étais une sportive, de bon niveau. Mais au cours d'une compétition, je me suis blessée au genou.

Je suis allée trouver un chirurgien et le verdict est tombé: opération. J'en avais peur, mais je voulais mettre toutes les chances de mon côté. Malchance, un mois après cette opération, je tombe et je me casse le genou! J'ai dû me faire opérer une seconde fois. J'ai ensuite fait en trois ans plus de 300 séances de kinésithérapie. Et je viens d'apprendre que je dois encore me faire opérer. J'ai confiance en mon chirurgien, mais il ne m'a pas caché que, avec ce que j'ai subi au genou, le sport, c'est fini pour moi. C'est là que le monde s'écroule! Le sport, c'est toute ma vie.

Je suis de nature assez agressive. Alors, je comptais sur le sport pour me défouler. J'avais même le projet de m'y consacrer entièrement ... Je ne sais plus quoi faire ni vers qui me tourner. De tempérament, je suis très nerveuse, tout le temps sur la défensive. Avez-vous une solution pour moi? Je sais bien que le sport ne remplace pas la vie, mais, sans sport, je ne suis plus rien! Seul l'espoir m'a fait patienter trois ans! J'essaie de me changer les idées en sortant avec des ami(e)s et en écrivant (c'est ma passion). Si des personnes ont été dans mon cas, pourraient-elles m'aider? Merci.

Valérie

Écrivez 200–250 mots sur **UN** des sujets suivants:

1. Vous avez lu cette lettre dans une revue et avez décidé d'y répondre. Rédigez votre réponse.

OU

2. Vous avez été dans le même cas que Valérie et vous avez dû renoncer au sport. En quoi votre vie a-t-elle changé et qu'est-ce que vous avez fait pour remplacer ce manque. Vous rencontrez Valérie et lui racontez tout. Écrivez votre conversation.

Lisez cet extrait tiré d'une brochure française sur l'Écosse.

13.

EN ÉCOSSE LE TEMPS SUSPEND SON VOL ...

L'Écosse est un pays où le temps s'étire, où le temps s'étend, où le temps s'arrête.

Depuis des siècles, les lochs profonds miroitent aux creux de vertes vallées ... Depuis des siècles, des dizaines d'îles merveilleuses et mystérieuses se découpent sur la mer ...

Depuis des siècles, les légendes courent et le monstre ne se montre pas ... Depuis des siècles, les châteaux se dressent fièrement au détour des collines et des îles. Depuis des siècles au château de Crathes, une mystérieuse dame en vert hante la chambre qui la vit périr de faim. Son père l'y avait séquestrée pour la punir d'avoir eu un enfant ... sans avoir de mari!

Depuis des siècles aussi, les Écossais sont ce qu'ils sont: gardiens de la tradition, chaleureux, ripailleurs, batailleurs au cœur tendre. Bons camarades aux muscles d'acier, ils vous entraîneront sur la séculaire route du whisky.

Dans les restaurants, ils vous feront goûter aux joies d'une cuisine raffinée ou traditionelle: saumon frais pêché, étonnant haggis, superbe "grouse" et merveilleuse viande de bœuf.

Quant aux cornemuses, ce n'est pas aujourd'hui qu'elles cesseront d'enchanter nos oreilles et elles rythmeront vos vacances comme elles rythment les saisons écossaises depuis des siècles.

Vous verrez, revenir d'Écosse, c'est revenir d'un lointain voyage ... du fond des âges.

Écrivez 200–250 mots sur **UN** des sujets suivants:

1. Votre correspondant(e) français(e) vous a rendu visite pendant les vacances et vous avez visité l'Écosse ensemble. Racontez ce que vous avez fait. Est-ce que l'Écosse, présentée dans la brochure, s'est révélée être la même?

OU

2. Vous avez fait un tour en Écosse avec votre correspondant(e). Il/elle avait lu la brochure juste avant de venir. A-t-il/elle été déçu(e) ou bien est-ce que, au contraire, notre pays l'a charmé(e)? Écrivez la conversation dans laquelle il/elle vous explique ce qu'il/elle attendait et ce qu'il/elle a trouvé en réalité.

Lisez cet extrait tiré d'une revue française.

14.

JOURNÉE ORDINAIRE D'UNE VOYANTE

8h 15   Dans la cuisine de ma maison de Nogent-sur-Marne j'avale ma première tasse de café. Il va m'en falloir cinq ou six, comme d'habitude, pour être "opérationnelle".

8h 30   Coup d'œil sur le programme du jour. Trois rendez-vous. Deux femmes, un homme.

10h   Coup de fil de Maya. Elle ne va pas fort, ma copine. Je sens qu'elle n'ose pas me demander une voyance par téléphone. D'ailleurs, je refuserais. Le matin, je fonctionne au ralenti, et je ne veux pas me fatiguer avant de recevoir mes clients.

11h 50   J'arrive à la boutique. Pascale est en train de vendre un pendule à un type qui a l'air allumé. Je grimpe jusqu'à mon bureau par un escalier en colimaçon. Une pièce claire, fonctionnelle, dont l'absence de décorum surprend souvent les gens.

Midi pile: La cliente pénètre dans mon antre. Difficile de lui donner un âge ...35, 45 ans? Enfouie dans son imperméable, elle me demande si elle peut s'asseoir, et pose une fesse sur le bord du fauteuil. Ma main à couper que pour elle, c'est une "première". Elle a le trac. Si elle savait que j'en ai autant qu'elle! Avant ma première consultation de la journée, j'ai toujours peur. De ne rien voir. Je me concentre. Tout, autour de cette femme, se teinte de gris. Le signe qu'elle traverse une grosse déprime ... Accrochant son regard, je le lui dis. Elle fond en larmes. Je perçois une silhouette masculine qui s'éloigne. Son mari. Il a quitté leur maison. Je sors mes tarots. En réalité, avec elle, j'ai à peine besoin de ce support. Ses cartes sont mauvaises. N'a-t-elle pas perdu un enfant? Non. Alors, elle n'a jamais réussi à en avoir, et son mari en voulait absolument. Exact. Pour moi, c'est clair, ce couple est condamné. Faut-il lui dire la vérité, au risque de la blesser encore? J'hésite. Comme d'habitude, j'ai tout vu en vingt minutes. Je n'aurai plus d'autre flash. Elle règle la consultation par chèque. J'aurais préféré du liquide. Elle sort. Je m'affale dans mon fauteuil, vidée!

15h 30   Rendez-vous avec l'homme. Blouson en cuir, pantalon de velours, sourire sympa. Flash immédiat et curieux: il est sous les bombes. Vu son âge, impossible qu'il s'agisse de la Deuxième Guerre mondiale. D'ailleurs, je vois des immeubles modernes autour de lui. Des caméras aussi. Il éclate de rire: "Je suis reporter de guerre!" Son problème? Pas de boulot depuis des mois. J'ai une sensation de détente: toujours positif, ça! Il retrouvera un job. Je m'assure de mes prévisions avec les tarots. Dans ma collection de coquillages, je lui en fait choisir cinq, qu'il place sur les cartes. A ses gestes décidés, je suis totalement optimiste sur son avenir. Dans les quatre mois qui viennent, il retravaillera. On parie le champagne? Il me quitte, le sourire aux lèvres: charmant, décidément ...

17h   Le téléphone sonne. La cliente attendue ne viendra pas. Je décide d'aller faire mon marché. Retrouver le concret, les gestes de la vie "réelle". Une nécessité pour me débarasser des tensions de mes clients.

20h 30   Soirée chez des copains. Dès qu'il y a des inconnus, je suis l'attraction. Pourtant, j'ai prévenu tous mes amis: pas question de faire l'animation de leurs dîners.

24h   Je pars. Envie de retrouver mon lit. Sifflet de flic: je suis passée au rouge. Un comble: je n'avais pas vu le feu!

Écrivez 200–250 mots sur **UN** des sujets suivants:

1. La semaine dernière vous êtes allé(e) voir une voyante qui vous a prédit des choses alarmantes. Qu'est-ce qu'elle vous a dit et qu'est-ce qui s'est passé?

OU

2. Imaginez que vous avez une profession étrange. Avant de vous coucher, vous racontez votre journée dans votre journal intime.

Lisez cet extrait tiré d'un journal français.

15.

LA FAC, C'EST LA LIBERTÉ ET L'ANONYMAT

«Mon père et ma mère sont ouvriers. Pour moi Delphine, 19 ans, issue d'une famille modeste, la faculté c'était le grand saut. Déjà nous nous sommes posé pas mal de questions pour savoir si je pouvais entrer à l'université. Mais sans bourse (19 000F pour l'année) ce n'était pas possible. Mon frère est au service militaire après une période de chômage et mes parents ont deux autres enfants à charge. Je suis venue à Nantes en appréhendant le changement de milieu et l'angoisse de redoubler. Si je rate mes examens, c'est fini.

L'université, c'est un autre monde. Au départ, il y a la terrible impression de se retrouver dans une foule sans connaître personne. Le sentiment d'être libre, de pouvoir s'exprimer va de pair avec l'anonymat complet.

Entrer à l'université, pour moi, c'est un sacré tournant dans ma vie. C'est dur de se séparer de sa famille surtout quand on est très famille. Je me suis bien habituée à ma petite chambre de la résidence universitaire. Là, les liens se créent facilement. La résidence, c'était le moins cher. 660F par mois. Mais c'est finalement mieux qu'un appartement où l'on broie du noir comme le fait une copine.

Comparé au lycée, l'an dernier, j'ai l'impression de ne rien faire. J'ai 15 heures de cours par semaine, mais en lettres modernes nous devons beaucoup lire. Tout repose sur le travail personnel. Je m'étais promis de faire du sport mais finalement les journées passent bien vite. Je me plais à Nantes. Mais c'est vraiment la grande ville. Un autre bouleversement pour moi qui viens d'un petit village. Un jour je me suis perdue et j'ai paniqué. Là encore, c'est le régime du débrouille-toi.»

Écrivez 200–250 mots sur **UN** des sujets suivants:

1. Vous venez d'achever votre premier trimestre à la fac. Écrivez une lettre à votre correspondant(e) dans laquelle vous racontez les problèmes auxquels vous avez eu à faire face.

OU

2. Vous avez fini votre première année à la fac. Vous écrivez un rapport pour votre ancien prof de français où vous racontez vos expériences, mais aussi les différences que vous avez constatées entre la vie scolaire et la vie étudiante.

Lisez cet extrait tiré d'un magazine français.

16.

J'AI FAIT UN RÊVE CETTE NUIT

Dans les draps de soie d'une luxueuse chambre d'hôtel, Christine s'alanguit. Julien, son mari, vient d'apporter le petit déjeuner. Il est arrivé la veille à Rome pour un rendez-vous d'affaires qui va se prolonger en un week-end romantique. Il lui tend une rose. C'est le bonheur absolu. On sonne. Sans doute la femme de chambre. Non! le radio-réveil. Christine se retrouve dans son deux-pièces trop petit. Il est huit heures du matin et le ciel est gris sur le XIIIe arrondissement. Dans la cuisine, Julien ronchonne: il n'y a plus de café et il est très en retard. Bisous rapides. «On s'appelle dans la journée. Ce n'est pas le moment d'être en retard, j'ai déjà rêvé que mon patron me convoquait dans son bureau pour me faire des remarques sur mes horaires», lance-t-il en claquant la porte. Christine se rendort.

Chaque soir, des millions d'hommes et de femmes tombent dans les bras de Morphée et plongent dans le royaume des songes. Chacun va rêver environ deux heures par petites tranches de 15 à 20 minutes, et plus à l'aube qu'en début de nuit. En moyenne, nous faisons une dizaine de rêves par nuit, mais nous ne nous souvenons le plus souvent que d'un seul.

Paul, 32 ans, vient de quitter son poste d'assistant dans une société d'intérim, pour assurer la responsabilité du service de relations publiques d'une entreprise d'informatique. «Depuis un mois, je fais chaque nuit le même rêve. Mon patron est parti en vacances, me laissant la responsabilité de la boîte en son absence. Or, j'en suis incapable. Et, à son retour, il trouve une belle panique dans ses dossiers. Le lendemain, j'arrive à mon bureau l'air penaud, mal à l'aise, convaincu que tout le monde a remarqué mon incompétence.» Cette angoisse de ne pas être à la hauteur revient comme une constante chez les sujets masculins. L'ambition et les blessures narcissiques sont plus fortes chez eux. Ils s'imaginent qu'ils sont minables. Quand les femmes rêvent d'ambition, elles arrivent rarement à se détacher totalement du contexte familial. Leur pensée se tourne alors vers la culpabilité de travailler, de ne pas passer assez de temps auprès de leurs enfants.

Écrivez 200–250 mots sur **UN** des sujets suivants:

1. Vous avez fait un rêve bizarre la nuit dernière. Racontez-le!

OU

2. La semaine dernière vous avez rêvé de l'école et vos rêves sont devenus réalité. Vous racontez à l'assistant(e) français(e) ce qui s'est passé. Écrivez la conversation.

CLOZE TEST

INSTRUCTIONS TO CANDIDATES

20 marks are allocated to this paper. One mark is awarded to each correct answer.

Two passages are set. In the first passage you are presented with a choice of three words for each blank. You must tick the correct answer. In the second passage you must insert ONE word in each gap.

You may NOT use a French dictionary.

You are given half an hour to complete both passages.

ADVICE TO CANDIDATES

The old cliché 'practice makes perfect' applies very much to Cloze Tests. As well as commanding a thorough knowledge of French grammar, you have to develop a logical way of thinking, so that you become accustomed to recognising certain grammatical points. This comes with practice.

The passages with the boxes are obviously easier as you can at least work out the answers by a process of elimination much of the time. Very often one possibility is completely wrong, but there may be two very likely suggestions. Be particularly careful of boxes which require you to recognise three different tenses. Make sure you identify the tenses in the text which come just before and after the box. This may give you an indication of the correct tense to be ticked.

My advice is to read the whole text several times so that you have a fair idea of what the passage is about (do not neglect the title and the brief introduction in English). Work your way through the text, and in the passage with the blanks insert with a pencil whatever you think is correct. Every few lines read back over what you have written to check that it makes sense. Remember that there is only **ONE** word for each blank.

Once you have reached the end and you are satisfied with your answers, you can go back over them in ink.

Read the passage carefully, then tick (✓) one of the three words suggested for each gap.

1. Noël

This passage is about children's excitement of Christmas.

La veille de Noël tous les enfants sont très agités. Ils restent à la maison et regardent

par	
dehors	
dans	

la fenêtre pour voir s'il va neiger. Bien sûr, tous les enfants aiment la neige. Ils sortent dans le jardin pour faire des bonhommes de neige ou

allent	
vont	
allons	

au parc pour faire de la luge. Quand tout est blanc, on sait bien que Noël est arrivé.

Mais malheureusement il ne neige que rarement

depuis	
dans	
pendant	

les fêtes de Noël.

Normalement, il fait gris ou il pleut. Dans ce cas-là, les enfants regardent un

intéressant	
bon	
populaire	

film à la télé ou aident leurs parents

pour	
à	
de	

faire les préparatifs pour le lendemain quand

tous	
toute	
tout	

la famille arrive. On aime l'ambiance à la maison: l'odeur du sapin, les petites lumières qui brillent et les cadeaux colorés qu'on va offrir. Les enfants sont toujours très curieux et veulent toujours savoir ce qu'il y a

en	
dans	
pour	

les cadeaux. En cachette, quand leur mère quitte la pièce, les enfants tâtent les petits paquets pour deviner leurs secrets.

Les enfants doivent se

lever	
coucher	
dormir	

tôt, même s'ils n'ont pas sommeil. Ils montent dans

leur chambre à contrecœur et, de leur lit, écoutent attentivement les voix dans le salon. Ils n'osent pas se relever (sinon papa Noël ne viendra pas!).

Le lendemain ils se lèvent et se précipitent dans le salon pour voir si le père Noël

est	
a	
avait	

bien venu. Il y a vingt ans les enfants étaient bien contents de recevoir un nounours ou une poupée. Aujourd'hui

elles	
ils	
on	

attendent des jeux vidéo.

Read the passage carefully, then tick (✓) one of the three words suggested for each gap.

2. Madame Soleil

This passage is about a fortune teller.

Madame Soleil habitait une toute petite maison dans un petit village [au / dans / en] l'ouest du pays. Elle avait une soixantaine d'années, adorait les fleurs artificielles (il y en avait partout dans sa maison) et portait [de / les / beaucoup] grandes boucles d'oreilles. Elle voulait paraître mystérieuse. Ça faisait partie de son travail: Madame Soleil travaillait [sous / comme / pour] voyante.

Elle avait beaucoup de clients qui venaient [lui / la / le] voir le soir, et des fois Madame Soleil devait travailler tard. Elle commençait vers sept heures et recevait ses premiers clients. Souvent ils arrivaient un peu en avance et étaient obligés [pour / à / de] regarder la voyante qui se maquillait devant la glace dans l'entrée.

Le mari de Madame Soleil, lui, travaillait le jour, et le soir, étant très fatigué, s'allongeait sur le canapé dans le salon et regardait n'importe quoi à la télé. En attendant, dans la chambre d'à côté, Madame Soleil faisait entrer ses clients, et ils s'installaient tous autour d'une table ronde au coin du feu. Déjà, avant de commencer, elle [posait / demandait / parlait] beaucoup de questions (elle se croyait très observatrice).

— Quel joli manteau! Les manteaux comme celui-là [coûte / coûtent / coûtez] cher!

Puis elle fermait les yeux.

— Quelqu'un pense à vous. Son prénom commence par la lettre B...B...B...I... Vous connaissez quelqu'un

dont	
avec	
que	

le prénom commence par BI?

Normalement le client ou la cliente ne connaissait

pas	
personne	
jamais	

qui avait ces initiales et la voyante prenait un air perplexe. Elle devait consulter ses tarots.

A la fin du rendez-vous, on la payait. Elle demandait à cette époque-là 499,50F et avait une boîte pleine de pièces de 50 centimes. Elle rendait la monnaie (c'était censé porter chance) et donnait sa carte

à	
au	
aux	

clients. Ensuite elle les reconduisait à la porte, jetant un coup d'œil dans le salon où son mari ronflait sur le sofa.

Read the passage carefully, then tick (✓) one of the three words suggested for each gap.

3. La fugue

This passage is about a boy who has run away from home.

Quand Luc s'est réveillé, il avait mal [au / à / du] cou. Il avait mal dormi sur le plancher, chez un copain. Son ami dormait toujours dans le lit. Luc s'est [lavée / levé / lever], a traversé la chambre et [s'est / est / a] regardé dehors. Il neigeait. Il ne savait pas ce qu'il allait faire de sa journée. Tout ce qu'il savait, c'était qu'il ne [pourra / pouvait / peut] pas rentrer à la maison. Ses parents, il ne voulait pas [le / les / leur] revoir. Ils l'avaient tant vexé. Il savait qu'ils se sépareraient à cause de lui.

Il se retourna et s'assit au bureau sur [qui / laquelle / lequel] il y avait des feuilles de papier. Il prit un stylo et écrit: "Merci, Landry. Je m'en vais. Luc." Ensuite, il ramassa le petit sac qu'il avait saisi en partant la veille. Il descendit l'escalier silencieusement, il ouvrit la porte et sortit. [Est-ce qu' / Qu'est-ce qu' / Comment] il faisait froid! Il commença à déambuler. Il ne connaissait pas très bien ce quartier et avait peur [pour / à / de] se perdre. Est-ce que ses parents le cherchaient déjà?

Il décida de passer sa journée au musée. Là, il

était	
faisait	
serait	

chaud au moins et puis après, il pourrait aller à la bibliothèque. Il craignait de rencontrer quelqu'un qu'il connaissait. Mais tout le monde travaillait, ou bien était à l'école. Il chercha désespérément dans sa poche. Il n'avait que 50F et ne savait pas où il allait passer la nuit. Il ne pouvait pas retourner

au	
chez	
à	

Landry. Ses parents se douteraient de quelque chose.

Il arriva au musée. Il était fatigué par sa longue marche dans la neige. Le bâtiment était fermé. Il jeta un coup d'œil à sa montre. Il était sept heures et demie.

Read the passage carefully, then tick (✓) one of the three words suggested for each gap.

4. Les vacances

This passage is about the French on holiday in France.

Les Français adorent [partant / partir / allant] en vacances. Chaque été beaucoup de familles [montent / descendent / monte] dans leurs voitures et se dirigent vers la mer. Les vacances au bord de la mer sont les plus populaires, surtout [à / dans / en] le Midi ou en Bretagne. Selon un sondage réalisé pour une revue française, 56% des Français partent à la mer tandis que 25% partent à la montagne et 29% passent leurs vacances à la campagne.

Pourquoi préfèrent-ils la mer? On est attiré par le soleil, et sur la plage on peut bien se détendre. Les enfants passent leur temps [par / en / à] construire des châteaux de sable et pataugent dans l'eau. Ils se fatiguent et dès six heures [de / du / à] soir ils ne veulent qu'une chose: se coucher (au grand plaisir de leurs parents qui peuvent sortir le soir et se balader en ville!). Malheureusement, on n'est pas sûr d'avoir du soleil tous les jours. C'est souvent le cas en Bretagne, et même sur la côte méditerranéenne il [en / y / l'] a des étés pourris. Alors, que fait-on avec les gosses par un jour de pluie? On peut rester dans la chambre de l'hôtel et jouer aux [tennis / cartes / Monopoly]. Si les enfants sont très jeunes, on peut [leur / les / en] donner des images à colorier mais ils s'en lassent vite et il faut toujours trouver autre chose pour les amuser.

Partir à la montagne est un excellent moyen de se remettre en forme après avoir passé une année assis derrière un bureau. L'air est pur et, loin de la grande ville, de la circulation, des embouteillages, des heures de pointe et de la pollution, on se relaxe plus.

La campagne est aussi très agréable. On peut faire des randonnées, aller à la pêche ou tout simplement se reposer en pleine nature. Mais attention

pour	
aux	
des	

insectes qui piquent, et s'il fait du tonnerre, ne restez pas dehors! Chaque été en France une dizaine de personnes

était	
est	
sont	

frappées par la foudre.

Read the passage carefully, then tick (✓) one of the three words suggested for each gap.

5. L'argent de poche

This passage is about pocket money and how some young people can earn extra.

L'argent de poche est très important | avec / chez / comme | les jeunes car ça leur donne une certaine indépendance. Ça leur donne aussi un sens de la maturité, ce qui est très important pendant l'adolescence. De plus, l'argent de poche | leur / l' / les | aide à prendre conscience de la valeur réelle de l'argent.

Chaque semaine beaucoup | de / des / du | jeunes reçoivent de l'argent de poche de leurs parents ou même de leurs grands-parents pour payer leurs sorties. Un grand nombre de jeunes dépensent leur argent pour des vêtements, des lasers ou pour leurs loisirs. Ce | dont / qui / que | est très populaire aussi, c'est le cinéma et McDo. Les ados adorent s'acheter des hamburgers et des frites avec du ketchup.

C'est bien pratique l'argent de poche, parce que ça permet | les / aux / des | jeunes de s'acheter ce dont ils ont | veulent / envie / soif | et de faire des cadeaux. Mais bien sûr ce n'est pas toujours facile pour les jeunes, surtout avant Noël quand ils doivent choisir entre faire la fête et économiser pour les cadeaux de Noël. La plupart des jeunes se plaignent de ne pas recevoir assez d'argent et beaucoup cherchent un job le week-end pour en gagner un peu. Mais pour ceux qui n'ont pas encore 16 ans, ce n'est pas facile. | Au / En / Dans | Grande-Bretagne quelques jeunes distribuent des journaux le matin avant la classe mais c'est un travail qui est dur. On | peut / veut / doit |

se lever de très bonne heure (peut-être à six heures) et marcher sous la pluie ou la neige. Et puis ce n'est pas bien payé, sauf peut-être à Noël quand on reçoit des pourboires des gens chez qui on distribue des journaux tous les matins.

Certains jeunes de plus de 16 ans trouvent un job dans un supermarché ou dans une pharmacie. Au supermarché ils travaillent à la caisse ou mettent des boîtes de conserve en rayon. C'est un travail monotone mais assez bien payé. A la pharmacie c'est beaucoup

d'	
plus	
très	

intéressant. Normalement ce sont les filles qui y sont embauchées.

En	
Par	
Dans	

servant les clients elles apprennent des choses sur les médicaments et les ordonnances. Pour celles qui veulent étudier la pharmacie à la fac, c'est un très bon apprentissage.

Read the passage carefully, then tick (✓) one of the three words suggested for each gap.

6. La résidence universitaire

This passage is about a boy's arrival at a university hall of residence.

Jean dit "au revoir" à ses parents qui venaient de l'aider | d' / à / pour | emménager dans sa chambre à la résidence universitaire. Il | avait / était / étais | 18 ans et pour la première fois de sa vie, il se trouvait seul. Il pensait à ses parents dans la voiture qui s'éloignait de la grande ville. Ils avaient été tristes tous les deux mais avaient essayé de ne pas le lui montrer. Sa mère avait regardé les rideaux un peu déchirés dans sa chambre et avait promis de | les / leur / le | réparer. Son père, qui ne montrait jamais ce qu'il ressentait, s'était occupé de monter la chaîne hi-fi. Puis Jean les avait reconduits à la sortie. Il avait eu peur que sa mère aille l'embrasser devant les autres étudiants qui traînaient dans le hall d'entrée.

— Tu rentres quand tu veux, Jean. Tu m'entends? dit-elle. Il ne faut pas nous prévenir. Tu montes | dans / sur / avec | le train et papa | quittera / viendra / venait | te chercher à la gare.

— | Travailles / Travaille / Travaillez | bien! dit son père, et ne t'en fais pas. Tu vas | vous / se / te | faire des amis ici.

Sa chambre se trouvait au sous-sol et, comme tous les étudiants de première année, Jean devait la partager. Il entra dans sa chambre et décida de | pris / prendre / prend | un café. Il sortit sa bouilloire et la remplit. Il avait hâte de faire la connaissance de | celui / celle / lui | avec qui il allait partager sa chambre. Il n'était pas encore arrivé. Jean espérait qu'ils s'entendraient bien ensemble.

95

Soudain la porte s'ouvrit et un garçon aux cheveux

brun	
rouges	
frisés	

et aux lunettes à double foyer entra en courant.

— Salut, dit-il, je m'appelle Antoine. Nous allons partager la chambre. Peux-tu me donner un coup de main pour descendre mes valises?

Read the passage carefully, then tick (✓) one of the three words suggested for each gap.

7. Un séjour en Bavière

This passage is about a boy who spent his summer working in a hotel in Bavaria.

Après avoir quitté l'école, Bertrand a décidé d'aller travailler en Allemagne pour améliorer son allemand. Il a [trouvé / trouve / trouvée] un job d'été dans un hôtel en Bavière. C'était un grand hôtel avec une piscine couverte. Dans la brochure qu'on [l' / lui / s'] avait envoyée, il y avait des photos du jardin, de la salle à manger et d'une chambre [que / qui / où] donnait sur les montagnes. En fait, la situation de l'hôtel était très impressionnante. [Avant / Dans / A] trois kilomètres de la frontière autrichienne, la plupart des clients venaient à l'hôtel chaque année pour faire des randonnées pédestres. Bertrand a lu la brochure avec enthousiasme et avait hâte d'aller en Allemagne.

Un beau soir, fin mai, Bertrand [a / est / avait] descendu du train à la gare la plus proche de l'hôtel. Dans le train il avait fait la connaissance d'une étudiante qui rentrait pour le week-end. L'étudiante avait demandé à son père, qui l'attendait [entre / sur / sous] le quai, d'emmener le jeune homme à l'hôtel. Heureusement ... car le dernier bus [avait / était / est] déjà parti!

Bertrand a passé quatre mois dans l'hôtel. Il n'était pas toujours content. Il avait étudié l'allemand [pour / depuis / pendant] deux ans au lycée, son niveau n'était pas très élevé, et on avait tendance à parler en dialecte parmi le personnel. C'était pénible!

Cependant, Bertrand, qui était très consciencieux, a passé son temps

en	
à	
par	

travailler dans le jardin (il tondait le gazon), dans la serre (il arrachait les mauvaises herbes), dans la cuisine (il faisait la vaisselle tous les soirs) et même dans les chambres (il faisait les lits). En fait, au bout de quatre mois il savait changer les draps et les couettes en deux minutes, suivant les instructions de la patronne qui le surveillait de temps en temps.

Pendant ses heures libres (il ne travaillait pas entre deux heures et cinq heures) il

nagait	
nageait	
nageais	

dans la piscine ou bien il se promenait dans les montagnes. Il n'y avait pas beaucoup de choses à faire, et puis le soir, il était pratiquement obligé de rester dans le village. Il n'y avait plus de bus et la ville la plus proche était trop éloignée pour y aller à pied.

Read the passage carefully, then tick (✓) one of the three words suggested for each gap.

8. Le Grand Café de la Poste.

A description of one of Rouen's most famous cafés.

Je ne sais pas si vous connaissez Rouen mais si vous avez l'occasion de visiter la ville, allez dans le café | qui / que / dont | se trouve en face | le / du / de | palais de justice, à côté de la poste.

Devant, il y a une terrasse mais ne vous y installez pas parce qu'il | en / y / lui | a beaucoup de circulation et de bruit. Je vous propose plutôt d'y entrer et de prendre place près d'une fenêtre qui donne | à / sur / devant | la rue Jeanne d'Arc. Si vous êtes fort en histoire, vous devez savoir que la Pucelle a | était / étée / été | brûlée à Rouen en 1431, par les Anglais d'ailleurs!

Situé en plein centre-ville, le café est très fréquenté. Chaque fois | où / que / quand | j'y vais il y a un vieillard assis près de la porte. Il est gros, il a les cheveux gris, et porte toujours le même pullover. Ne | vous / s' / nous | inquiétez pas s'il vous adresse la parole. Il papote avec | toutes / tous / tout | les clients et apparement tout le monde le connaît.

Parfois, on | le / l' / lui | offre un verre. Quand il veut partir, on l'aide à se relever et on lui passe sa canne. Il a l'air d'être bien aimé, même la patronne (qui ne sourit | jamais / que / rien | rarement) lui dit: «Au revoir, Monsieur.»

9. Un portrait express de Meryl Streep

This passage is a summary of the early life of the famous American actress.

Mary Lousie Streep est _____ le 22 juin 1949 à New Jersey aux États-Unis. Son père, Harry, travaillait comme directeur général pour une compagnie pharmaceutique et sa mère était dessinatrice dans une société publicitaire. Ses parents étaient tous les deux très protecteurs envers elle et ses deux frères cadets, Harry et Dana.

Quand elle était petite, Meryl n'était pas mignonne. Elle portait de grosses lunettes épaisses et avait un appareil dentaire. Elle n'avait pas beaucoup d'amis et paraissait plus vieille que son âge. Son atout, c'était sa belle voix et à l'âge de 12 ans, elle a commencé _____ prendre des leçons de chant.

A 15 ans elle en avait marre d'être "le vilain petit canard" et un matin _____ s'est levée, a écrasé ses lunettes (plus tard elle _____ acheté des lentilles de contact) et a mis du peroxyde dans ses _____ . Blonde, elle est devenue très populaire au lycée.

Une fois par an ses parents _____ offraient une sortie. Elle pouvait choisir ce qu'elle voulait faire. Son choix était toujours le même: elle allait au théâtre pour voir une comédie musicale. Au lycée elle faisait du théâtre et pour son rôle de "Laurie" dans *Oklahoma*, on _____ a ovationnée.

A l'université de Vassar elle a confirmé son talent pour le théâtre. Même à 17 ans, sa maturité et sa compréhension des rôles étaient bien étonnantes. On _____ souvient qu'à cette époque-là, _____ les hommes tombaient amoureux d'elle.

Meryl Streep est devenue une des plus grandes actrices du siècle. Elle a gagné 2 Oscars, a été nominée 9 fois, et sa carrière continue _____ fleurir. Qui aurait pu deviner que la jeune fille laide serait devenue la reine d'Hollywood?

10. La salle d'attente

This passage is about a group of people waiting for a train.

Tout le monde se regardait sans être vu par l'autre. C'est une situation bizarre _____ tout le monde connaît. Un homme lisait son journal et une jeune femme feuilletait des revues. Mais de temps en temps elle levait les yeux pour voir si le bel homme en face la regardait. C'était, en fait, un jeu narcissique: chacun se demandait s'il plaisait à l'autre.

Puis la porte s'est ouverte _____ un nouvel arrivant entra. Il était _____, avait les cheveux gris et un long visage, plein de charme. Il _____ une petite valise qui semblait être lourde. Il regarda tout autour de lui pour voir où il allait s'installer. Il y avait une place de libre à côté de la jeune femme qui lisait. Elle devait savoir qu'il voulait s'y asseoir parce qu'elle retira _____ sac du siège et puis, sans savoir pourquoi, elle rougit.

— Est-ce que cette place est _____? demanda-t-il, regardant la jeune femme dans les yeux.

— Non, répondit-elle, évitant son regard.

L'homme s'installa et ôta son manteau. Il était bien serré entre la jeune femme et un homme d'une _____ d'années qui écoutait son baladeur.

— J'ai l'impression qu'on _____ connaît, dit le nouvel arrivant à la jeune femme.

— Je ne crois pas, répondit-elle.

— Si. Vous êtes de Lyon, n'est-ce pas? Vous travaillez au collège Ampère.

Elle _____ regarda fixement. Il avait bien raison. Il sourit gentiment et puis dit:

— Je suis Monsieur Boinet. Vous _____ enseigné à mon fils Vincent.

Tout le monde dans la salle d'attente, faisait semblant de ne rien entendre (même le jeune homme qui écoutait de la musique), mais chacun se retourna vers la jeune femme pour voir si elle avait bien une tête de prof.

11. Comment bien réviser pour les examens

How to study for your exams.

Sortez tous vos papiers, vos cahiers et vos livres. Il ne faut _____ oublier. Décidez quelles matières vous allez étudier d'abord et dans quel ordre. Il ne faut pas étudier juste les matières _____ vous aimez et laisser les autres pour la veille de l'examen.

Levez-vous de bonne heure et _____ un solide petit déjeuner. Il faut bien manger avant _____ commencer. Choisissez une pièce de la maison où vous n'allez pas être dérangé. Installez-vous à une table et commencez. Il ne faut mettre ni la radio ni la musique. Il faut _____ concentrer.

Après une heure, levez-vous, et allez vous faire un café ou un thé dans la _____. Regagnez votre pièce avec votre tasse et recommencez. Étudiez une autre matière et, après une bonne heure, vous pouvez faire autre chose: vous pouvez _____ le chien, écouter de la musique ou jouer _____ piano. Il faut vous distraire.

Après le déjeuner vous devez vous remettre au travail. Choisissez encore une autre matière. Avant le dîner il faut jeter un coup d'œil _____ tout ce que vous avez étudié ce jour-là pour vérifier que vous avez tout assimilé. Quelquefois il faut prendre des notes et puis les comparer avec le manuel pour voir si elles sont correctes.

Le soir il faut faire autre chose. Vous pouvez regarder la télé (un bon film serait très thérapeutique) ou bien téléphoner à des copains. Peut-être pouvez-vous sortir avec des amis, aller au cinéma ou aller vous promener. Mais ne rentrez pas trop tard parce que le lendemain vous devez reprendre votre travail. Il faut être bien discipliné.

La veille de l'examen, révisez tout, mais couchez-vous tôt. Le jour de l'examen il faut être en _____ forme pour bien répondre aux questions.

12. L'école en France

This passage is about school in France.

En général, l'école en France commence à huit heures, donc les élèves doivent se _____ de bonne heure pour y arriver _____ temps (ce qui est dur en hiver quand il fait noir et _____).

Toujours un peu fatigués, les élèves entrent dans la cour et retrouvent _____ camarades de classe. Ils bavardent et parlent de ce qu'ils ont regardé à la télé la veille. Les vieux films et les documentaires ne _____ pas très populaires mais tout le monde regarde *Hélène et les garçons* sur TF1.

Quelquefois les cours sont un peu ennuyeux. Beaucoup de profs n'ont pas assez d'imagination _____ inspirer les jeunes. De toute façon, l'heure du déjeuner arrive vite et beaucoup d'élèves rentrent chez _____ où ils mangent avec leurs parents. Pour les élèves qui habitent _____ loin du lycée, il y a une cantine.

Après le repas, s'ils en ont envie, ils peuvent aller dans un café. Là, _____ qui ont trop regardé la télé la veille peuvent faire leurs devoirs et ainsi éviter une punition ou une colle.

Pour les élèves du secondaire il y a quelquefois cours jusqu'à 18h. Ce n'est pas très agréable! On rentre épuisé et puis, après le dîner, on doit reprendre le travail: il y a toujours des devoirs _____ faire.

13. L'épreuve de conduite

This passage is about a woman sitting her driving test.

Le jour _____ Mme Brelle a passé son permis de conduire pour la quatrième fois, elle n'avait pas peur, ce qui est bien étonnant parce qu'elle _____ déjà renversé deux piétons pendant ses leçons de conduite. Il faut dire que ce n'était pas grave. La première personne a _____ la jambe cassée et la deuxième (une vieille de 82 ans) s'est relevée toute seule après l'accident et est _____ directement chez elle. Mme Brelle l'avait à peine aperçue.

Elle arriva en centre-ville bien en avance. Son mari l'avait déposée _____ la poste. Elle portait une belle robe d'été marron et des chaussures à talons hauts. Elle devait avoir froid car on était en plein hiver.

Mme Brelle avait déjà réussi le test de l'épreuve audio-visuelle sur le code de la route (on ne sait d'ailleurs pas comment) et donc aujourd'hui elle n'avait _____ l'épreuve de conduite à passer. L'inspecteur, Monsieur Dhômé, attendait devant la voiture et soupira quand Mme Brelle s'approcha de _____.
— Bonjour, Monsieur Dhômé, salua-t-elle en agitant la main. Aujourd'hui je vais réussir, et elle remonta ses chaussettes qui étaient tombées.

Elle monta dans la voiture et se regarda dans le rétroviseur. Elle avait mis un peu trop _____ maquillage. Monsieur Dhômé monta et mit sa ceinture.
— Alors, je vais vous expliquer ce qu'on va faire ...
— Ce n'est pas la peine, coupa-t-elle, j'ai déjà passé l'épreuve trois fois. Calmez-vous, Monsieur, je vais démarrer.
Elle mit le moteur en marche et passa la première.
— Allez! On _____ va!
La voiture rebondit deux ou trois fois, puis Mme Brelle sortit du parking sans regarder à droite _____ à gauche.
— Madame, il faut céder la priorité!
— De quoi vous parlez, Monsieur? Je connais bien cette ville et il n'y a jamais de voitures dans cette rue!

14. Un lapin posé

This passage is about a boy who is "stood up" at a railway station.

Il était sept heures et demie quand le train est _____ en gare. Michel avait rendez-vous avec Marie sur le quai, mais soudain une pensée lui traversa l'esprit: peut-être n'attendrait-elle pas? Après tout, il ne la connaissait guère; en effet ils n'étaient sortis ensemble _____ deux fois.

Quand Michel _____ descendu du train, personne ne l'attendait sur le quai. Il commença à s'inquiéter. Il voulait vraiment _____ revoir, pour lui expliquer plus précisément ce _____ s'était passé l'autre soir après le cinéma.

Il regarda tout autour de _____. Il y avait des hommes d'affaires qui rentraient après leur journée de travail et, dans un coin, des jeunes observaient ceux qui passaient.

Elle n'arrivait _____. Lui avait-elle posé un lapin? Michel était de plus en plus énervé. Elle aurait dû avoir la politesse de _____ téléphoner, de lui dire qu'elle ne voulait plus le revoir.

Il s'approcha d'une cabine téléphonique, y entra, et composa le numéro de Marie qu'il _____ noté sur un petit bout de papier.
— Allô? Bonsoir, Madame. Pourrais-je parler à Marie, s'il vous plaît?
— Elle n'est pas là. Elle est chez _____ tante. Elle y va chaque vendredi soir.
Il raccrocha. Il était vert de rage. C'était la première fois que l'on lui posait un lapin.

15. En attendant les résultats

This passage is about a boy waiting for the postman to deliver his examination results.

Il était six _____ et quart du matin. Des oiseaux chantaient et le vent sifflait légèrement dans les arbres. David ne dormait plus. _____ dix minutes il écoutait les bruits dans le jardin. Il savait qu' aujourd'hui les résultats de ses examens arriveraient. Il savait que _____ quelques minutes il entendrait les pas du facteur qui monterait jusqu'à la porte. Puis David entendrait le déclic de la boîte aux lettres et une enveloppe tomberait sur le tapis.

David _____ envie d'aller à l'université pour étudier la chimie et il savait que ses résultats seraient déterminants pour son avenir: encore une année au lycée, ou son entrée en fac. Il voulait un peu de liberté. Il _____ pouvait plus supporter sa vie à la maison : sa mère qui _____ demandait toutes les cinq minutes _____ il allait, s'il avait fini ses devoirs, s'il avait assez étudié pour ses contrôles ...

Il pensait _____ jour de l'examen de physique. Après, il avait vérifié dans son manuel pour voir s'il avait les bonnes réponses. Hélas, non. Mais même s'il avait perdu quelques points, il pouvait toujours réussir.

Soudain il entendit le facteur. Il se leva, son cœur battait fort. Il descendit et ramassa l'enveloppe. Il commença _____ l'ouvrir. Ses _____ tremblaient. Sa mère apparut en haut de l'escalier.
— Alors? dit-elle.
David regarda le certificat. Sans se presser, il se retourna et leva les yeux vers sa mère. Il souriait.

16. Une lettre à mon correspondant

In this letter, Cléry writes to his pen-friend to thank him for the holidays he has just spent with him in Glasgow.

Tours, le 29 août

Cher Andrew,

Je t'écris _____ vous remercier (toi et ta famille) _____ m'avoir si gentiment accueilli chez vous en Écosse. Je me suis très bien amusé chez toi et je pense aussi que mon anglais s'est bien amélioré (grâce à _____ qui corrigeais mes fautes!). Je crois que, quand je rentrerai à l'école, mon prof d'anglais sera très impressionné.

Mon retour s'est bien passé mais comme tu le sais, je n'aime pas _____ la Manche par le ferry. Heureusement, cette fois-ci je n'ai pas eu le mal de mer. Tant mieux! J'ai changé _____ train à Paris et puis j'ai passé cinq heures désagréables dans le train pour Tours. Le train _____ tombé en panne près d'Orléans et une fois arrivé, j'avais deux heures et demie de retard!

Je voudrais encore remercier _____ parents. Je trouve que leur maison est très jolie. Et quelle _____ idée de partir à la mer! J'ai bien aimé le jour _____ nous sommes allés à St. Andrews (bien que la mer soit un peu trop froide pour moi!).

Maintenant je vais te laisser parce que ma mère veut m'emmener en ville pour acheter un cadeau à mon père. C'est son anniversaire demain. Il _____ 45 ans.

Toutes mes amitiés à tes parents.

Cléry

SPECIMEN ANSWER SCHEME TO READING TEST 16

Mon père ne veut pas me laisser vivre ma vie

MARKING SCHEME

The italicised comments indicate the main ideas which must be expressed in order to gain the available points.

1. *(a)* How do you know that Olivia is a very intelligent girl?   2 points

   — You would be envious of her school report.

   — She has very good marks in at least three subjects.

   — She has been top of the class since she started secondary school.

   (any two)

   A clear understanding must be shown that Olivia is an exemplary pupil.

   (b) To what extent do Olivia's professional aspirations differ from her father's dreams for her?   2 points

   — Her father wants her to be very successful in a highly respected profession, e.g. as a lawyer or a top civil servant.

   — She wants to become an actress.

   A clear contrast must be made between what she wants and what her father wants.

   (c) How has M. Morel reacted to Olivia's interest in the theatre?   3 points

   — At first he did not take her interest in the theatre seriously and was against her enrolling in the drama class at school.

   — He thought acting was just a passing fad and that she would grow out of it.

   — When her interest in it grew, it began to bother him. He sulks now when she comes home from her drama class.

   It is essential to convey his dismissive attitude and his disapproval.

2. *(a)* **As far as Olivia's friends are concerned, how does M. Morel interfere?**   **3 points**

— He will not let her go out with just anyone.

— He judges her friends in five minutes without getting to know them properly.

— He expects her friends to come to the house tidily dressed, to be polite and to say who is calling when they phone.

He is very demanding and over-protective.

(b) **What are M. Morel's ulterior motives in enrolling his daughter in sports clubs?**

    2 points

— He knows exactly where she is.

— He can keep a watchful eye on the sort of company she is keeping.

He uses the sports clubs as a means of keeping tabs on her.

(c) **How does Mme Morel affect the situation at home?**   **3 points**

— She covers for her daughter so that Olivia can go out and have fun now and again.

— She does this to avoid causing a fuss when Olivia gets back home.

— In helping her daughter, she has to lie to her husband.

A clear understanding that Mme Morel takes her daughter's side and understands the predicament Olivia is in. In conspiring with her daughter, however, she is deceiving her husband.

3. **What shows Olivia's determination to succeed in her chosen career?**   **2 points**

— She has already been accepted for Drama School although her father does not know this yet.

— She is even prepared to work part-time in a fast-food restaurant (to finance her studies).

She is independent and is prepared to go to any length to study drama, despite her father's wishes.

(17 points scaled to 30 marks)

4. **Il ne la croyait pas capable**
   He did not think she was capable
           her

   de s'opposer à sa volonté.
   of going against his wishes.
           will

   «Je lui ai dit que s'il me forçait à aller en Angleterre, je fuguerais.
   "I told him that if he forced me to go to England, I would run away (from home).
     said to him

   Il m'a prise au sérieux et je ne suis pas partie.
   He took me seriously and I did not go (away).
           didn't

   On est allés en Bretagne et il ne m'a pas embêtée pendant un mois!»
   We went to Brittany and he did not bother me for a month!"

                                              (5 units = 15 marks)

                                                  TOTAL: 45 marks

NOTES

NOTES